大塚英樹 Otsuka Hideki

経営は人間力！

いま問われるリーダーの資質

さくら舎

【目次】

経営は人間力！――いま問われるリーダーの資質

第1章　革新と挑戦のアサヒを取り戻す

アサヒビール社長　塩澤賢一

第4章　持続的成長へのイノベーション

三井住友海上社長　舩曵真一郎

第5章　グローバル企業への変革の源とは

アサヒグループホールディングス会長　小路明善

第6章　持続的成長のために変化し続ける

J.フロントリテイリング社長　好本達也

第7章　社員が主役になる会社へ

サッポロホールディングス社長　尾賀真城

第8章　楽しい百貨店の復活へ全力で挑む

高島屋社長　村田善郎

第9章　No.1で存続するためには何が必要か

日本生命社長　清水博

第10章 世界が憧れる街づくり実現へ

東急社長　髙橋和夫

第11章　リコー再起動へのイノベーション

リコー社長　山下良則

第12章　従来保険のアンチテーゼ導入に挑む

住友生命社長　高田幸徳

経営は人間力！——いま問われるリーダーの資質

本書は夕刊フジ、産経新聞に「挑戦するトップ」と題して、二〇二〇年一二月三日～
二〇二三年三月一八日に連載したものを再構成・加筆しています。

第1章　革新と挑戦のアサヒを取り戻す

アサヒビール社長　塩澤賢一

自分が変わる。自分が変える

私は拙著『「使命感」が人を動かす』（集英社インターナショナル）で、たくさんの企業の成功・失敗を見てきて、「世に言われるような成功の法則のようなものはない」という結論に至るようになったと書いた。

企業が続いているということは、実はそれだけで成功だ。継続するには昨日と同じではいけない。過去の成功体験を否定し、会社の在《あ》り方を否定する。変化するビジネスシーンにおいて変わり続けな

塩澤　賢一（しおざわ　けんいち）
1958年、東京都生まれ。慶應義塾大学商学部卒業後、1981年にアサヒビールに入社。大阪支社長、営業戦略部長、経営企画本部長、アサヒグループ食品副社長等を経て、2019年にアサヒビールの社長に就任。全てのお客さまの幸せな人生に貢献し、日本だけでなく世界をより良いものにしていきたいという想いを込めたアサヒビールビジョン「すべてのお客さまに、最高の明日を。」の実現に向け日々陣頭指揮を執る。

い限り継続はできない。それはつまり、過去、常識、慣習を覆し、イノベーションを継続して行うことに他ならない。それができる人材こそ「経営者」である。

　私は長年、アサヒビールがビール業界の盟主キリンビールに挑み、互角に戦える企業に成長し、ビール王者になるまでの過程をつぶさにウォッチしてきた。

　印象的なのは、発売する商品が売れず、市場シェアが低下するという難局に直面する都度、全社一丸となって乗り越え、成長へ向けて再び突き進むというアサヒの「挑戦するパワー」である。その源泉は、「人を大切にする企業文化」に加え、「キリンに勝つ」という目標を全社員が一丸となって達成しようとする「企業風土」にあった。

　そんな企業風土の体現者である塩澤賢一《しおざわけんいち》（64）は２０１９年（平成31年）、社長に就任すると、「革新と挑戦のアサヒを取り戻す」と宣言。以来、社員の意識改革に腐心し続ける。その１つが本社スタッフを減らし、事業所の社員を増やすという現場力強化のための組織変革である。その際、個々に培ってきた知見やノウハウを効率的に推進するため、本社スタッフと現場の営業担当者を入れ替える相互人事異動を実施した。

さらに塩澤は、新しい商品作りに挑戦し続けている。例えば、アルコール度数０・５％に仕上げた「ビアリー」、蓋を開けるとジョッキに注がれたような泡が出る「アサヒスーパードライ生ジョッキ缶」を開発。また、２０２２年（令和４年）２月には「スーパードライ」のフルリニューアルに踏み切っている。

こうした一連の商品開発の動機は、スーパードライ一本柱では立ち行かなくなるという危機感にある。その主力商品のスーパードライでさえも、若い人がマーケットに入ってこないだけでなく、中高年層も離れている。第２の柱を作らなければならないと危機感を募らせた。

そこで２０２１年９月、満を持して発売したのが「アサヒ生ビール（通称マルエフ）」。これは１９８６年（昭和61年）に発売したが、その後缶の販売をやめて飲食店用で樽生のみ販売していた商品。〝復刻版〟のマルエフは現在、第２の柱に成長しつつある。

企業が成長を遂げるためにはイノベーションが不可欠である。

塩澤が繰り返し言うのは、「いつもいいことアサヒから」。１９８０年代の広告で使用していたフレーズだ。アサヒは日本初の瓶入り生ビールやアルミ缶入りビール、アルミ製ミニ樽を発売するなど、いつも業界に先駆けて新しい商品・サービスを開発してきた。今後も挑戦者魂を発揮して新しいことに挑戦し、それをアサヒから発信することでお客や社会に感動を提供していく。塩澤は「いつもアサヒから」が溢《あふ》れる会社にしようと全国の事業所を回り、伝道を行ってきた。

また、塩澤は社員のモチベーションを上げ、士気を鼓舞するため、２０２１年（令和３年）４月からユーチューブ風の動画「塩ちゃんねる！」を配信。「自分が変わる。自分が変える。アサヒを変える」というキャッチフレーズの動画では、新しいことに挑戦する社員たちを紹介し、称賛している。

例えば、ビールサーバーホースを回収して再生した新素材「ＲｅＢＬ（リボーン・ビアライン）」の開発に成功したパッケージング技術研究所のＹさん。回収分別されたホースを粉砕、洗浄、乾燥、成型、塗装など6社で協業して、廃棄物や不用品に新しい価値を与え、アップサイクルする仕組みを作り上げ、スマートフォンのケースやコースターへ生まれ変わらせている。

また、国内初採用、最軽量となる「エコパック」の開発製造に携わった人たち。塩澤は、「技術開発、製造に携わっている皆さん、ありがとう！」と、自らの言葉で称賛し、感謝の気持ちを伝えることで、モチベーションアップとイノベーション精神の醸成を図ろうとしている。

塩澤は挑戦する企業文化の継続に自己存在を懸けているのである。

自分の頭で考え、責任を持って行動する

持続する企業経営者に共通するのは、好不況に、成果の良し悪しにかかわらず、常に危機感を抱いていることだ。危機感はもちろん、目先の業績の良し悪しというような小さなものではない。新型コロナウイルスの世界的な感染拡大、ロシアのウクライナ侵攻による世界的な食糧・エネルギー危機の勃発《ぼっぱつ》……。予測が不可能な、先の見えない「カオス（混沌《こんとん》）時代」の現在、根本的な産業構造の大転換に放り込まれ、答えがない中で、次なるビジネススタンダードでは自社の存続が根本から危うくなる可能性を間近に感じての危機感だ。５年後、10年後、存続するためには何が必要か。見つめるのはその一点である。そんな大きな問題意識を抱きながら今日という１日のマネジメントに挑戦する。

塩澤賢一も、常に危機感を持ち、社内の危機意識の醸成に心を砕く。

代表例が、２０２２年２月に実施した１９８７年３月発売以来初の主力ブランド「アサヒスーパー

ドライ」のフルリニューアルである。刷新で、飲み応えを向上させ、「辛口」の特徴を鮮明にさせたと塩澤は言う。

「スーパードライの販売量は2000年頃をピークに減り続けている。現在もスーパードライに若い層が入ってこないばかりでなく、年配層も離れている。このままで良いのかという危機感はずっとありました。特に若者層を中心に『辛いイコール苦い』という強いイメージを払拭するためにも、味わいそのものを変えるフルリニューアルに踏み切ったのです」

塩澤は社長就任以来、アルコール度数0・5%の「ビアリー」、蓋を開けるときめ細かい泡が出る「アサヒスーパードライ生ジョッキ缶」、「アサヒ生ビール（通称マルエフ）」などの新商品を次々に投入している。塩澤が「先手を打たないとビールを磐石《ばんじゃく》にできない」と全社に危機感を煽《あお》った結果である。

アサヒが「ビール首位」になってから20年以上が経ち、スーパードライ発売（1987年）以前のどん底を体験し、会社は潰れるかもしれないという危機感を植え付けられてきた社員も、わずか59名となった。

塩澤は、「アサヒは〝大企業病〟に侵されている」と危機感を抱く。「人間はマンネリ化する。今まで通りのやり方でいいと思い始めたときが一番危ない」と気を引き締める。

大企業病を防ぐには社員の意識改革が不可欠だ。それにはまず、各部門の責任者から始めなければならない。塩澤が社長就任直後、「会議改革」を行ったのはそのためだ。本社で一堂に会して実施していた「統括本部長会議」を各地区統括本部ごとに、本社と1対1で行うテレビ会議システムに変革した。本社は方針を一方的に伝えるのではなく、地区本部長のビジョンとそれを実現すべく顧客起点の考えを聞き出し、各地区本部独自の課題を顕在化させる。地区本部長に求められるのは「自分の頭で考え、責任を持って行動する」部下の育成と、目標達成に向けて部隊を1つにまとめ、率先垂範して突き進む覚悟である。

さらに塩澤は、社員の意識改革を促進するため、組織変革を断行した。本社スタッフを減らし、事業所の社員を増やす組織変革を実施し、現場力の強化に乗り出す。同時に、マーケティング担当など本社スタッフと現場の営業担当者を入れ替える相互人事異動を実施、個々に培ってきた知見やノウハウを効率的に推進する。狙いは消費者の価値観や購買動機の変化に対応した商品を提供することにある。すなわち、消費者起点に徹するという意識改革を目指した組織変革というわけだ。

塩澤が繰り返し語り続けるのは2つ。1つは、「いつもいいことアサヒから」。新しいことに挑戦し、それをアサヒから発信することで消費者や社会に感動を提供する。もう1つは、「自らの頭で考え、責任を持って行動する」。塩澤は言う。

「成長時代は言われたことを忠実に行うことで成果を上げることができた。しかし、変化の激しい時代、それでは成果を上げられない。自ら自発的に課題意識を持って取り組むことで成果を上げ、人は成長する。今後は、言われたことだけを行う仕事はＡＩやロボットが担う。社員はお客さまが感動するような、付加価値を生む仕事をしていかなければなりません」

塩澤は社内に危機感を醸成し、ビールを磐石にして〝稼ぐ力〟を蓄え、新しいことに投資ができる会社へと体質強化を図る。

ここに課題があるのではないですかというところまで掘り下げる

私は拙著『続く会社、続かない会社は№２で決まる』（講談社+α新書）で、会社を変えるのは「№２」だと考えると書いた。会社の主役は常に社員でなければならない。社員が主役になることで〝社員力〟が発揮され、会社は動く。トップの意思がトップにとどまっている限り、会社は１ミリも動かない。トップの意思が社員に伝わり、社員の意思へと転換され、増幅されるから会社は動くのである。

では、誰が、トップの意思を社員に転換させるか。この転換装置となるのが№２だ。私がいう№２とは役職やポジションの「２番目」ではない。肩書は副社長、専務かもしれないし、中間管理職の中から出てくるかもしれない。No.２はトップに意見を具申する参謀であり、ビジョンの具現化を補佐する役割を担う。また、トップと現場をつなぎ、社員の自発性を引き出し、モチベーションを高め、自由闊達《かったつ》な企業風土に変えていく世話役でもある。

No.２に必要なのは知識やテクニックではない。会社の存在意義とは何か、仕事を通じて社会をどう変えたいのかという明確な「使命感」だ。何事も客観視できる冷静さと問題意識、会社を変革することへの情熱を持っているか否かである。それを私は「No.２シップ」と呼ぶ。

塩澤賢一も、若い頃から、No.２シップを発揮してきた。１９８１年、慶應義塾大学商学部を卒業後、アサヒビールに入社。以来、随所でNo.２の役割を果たしている。

塩澤の特徴は、常に前例に囚われない新しいやり方で課題を発見し、解決策を考え抜き、施策を成就させてきたことである。

まず、塩澤がNo.2的役割を果たすのは、１９９８年から4年間務めた東京南支店長の折である。

塩澤は社員が個々に営業活動を行うやり方から、３人1組のチームを作り、チームごとに目標を達成する「チーム制」に転換した。目的は情報の共有化と営業の進捗《しんちょく》状況の見える化である。リーダーたちは週1回会議を行い、目標達成の進捗状況を共有し、情報、アイデアを出し合った。リーダーが成長すると、チームが活性化し、業績が上がるという好循環が生まれた。支店の業績は高まり、塩澤は東京支社No.2の役割を果たすのである。

さらに、2006年から2年間務めた大阪支社長時代には、人と組織の活性化を目的に、毎月全社員を集めて自分のビジョンや想いを繰り返し伝える全体会議を開催した。また、「支社長賞」を創設し、「褒める文化」の構築を図った。いかに小さな成果であっても、自発的に考え、行動する人を素朴に力づけていくことが大事だと塩澤は考えたのだ。結果、支社の業績は上がり、塩澤は近畿圏統括本部のNo.2となった。

塩澤がNo.2シップをいかんなく発揮するのは、2008年から5年間務めた営業戦略部長のときだ。当時、ビール市場は縮小し続けると同時に、ビールが停滞、発泡酒と新ジャンルが成長するという質的な変化が起きていた。

危機感を持った塩澤が着目したのは、顧客（量販店、飲食店）との深い関係づくりだった。他社と差別化し、競争優位に立つには、顧客に寄り添い、顧客と一緒に課題を解決する営業に切り替えなければならないと考えた。そのために、塩澤は、従来の商品を見せるだけの「説明営業」、一方的に提案する「提案営業」から、顧客の課題を発見し、課題の解決を行う「課題解決型営業」を唱えた。全国の地区統括本部を回り、各本部から推薦された精鋭の営業担当者を対象にした研修を開始した。

塩澤が語る。

「どうしたら顧客の課題を引き出せるか。それがポイントです。課題さえわかれば、手を打つことはできる。売り上げが悪いというのは現象でしかない。ビールの何が悪いのか。売り場はどうなっているか、品揃えはどうかと原因を突き詰め、『ここに課題があるのではないですか』というところまで掘り下げないといけない。課題になっている部分を解決するのが、この営業の狙いです」

塩澤の唱えた課題解決型営業は現在、アサヒビールの営業の基本的考え方となり、現場に浸透し、日々の活動で実践されている。

その後、塩澤は取締役執行役員経営企画本部長、常務取締役常務執行役員営業本部長を歴任し、No.2として経営トップを支えるのである。

私は運が良い。会う人、全てが勉強

私は成功する企業経営者には「幸運思考」があると考えている。「運」というのは、「私は運が良い」と思う人につき、「運が悪い」と思う人にはつかないようだ。現に、持続的成長を遂げる経営者の多くが、「自分は運に恵まれた」と語っている。

彼らに共通するのは、逆境でも「運が良い」と思えることだ。人は誰しも同じような体験をし、経験をする。それに対して「運が良かった」と思えるような人が成功している。どんな辛い経験をも、学習であり、自己鍛錬であり、試練だと思える。また、失敗したとき、その原因を他人のせいにしたり、タイミングや環境のせいにしたりせず、すべて反省の機会に置き換えられる人。そんな「幸運思考」の人が「成功者」になっている。

塩澤賢一も、「自分は運がいい」と言い切る。

最近では蓋を開けると泡が自然に発生する革新商品「スーパードライ生ジョッキ缶」の発売（2021年4月）に幸運を感じる。塩澤は言う。

「開栓した蓋と缶体の飲み口で手や口を切る恐れのないダブルセーフティー構造による安全技術も、缶体内側の特殊塗料によりきめ細かい泡が出る技術もすでに開発済みでした。ただ2つの技術を組み合わせる発想が開発部門になかった。それが私の社長時代に実現したのですから、運がいい」

塩澤は、慶應義塾大学商学部卒業後、希望するビール会社に就職できたことに始まり、関東支店担当、東京中央支店長、大阪支社長、営業戦略部長、営業本部長、アサヒグループ（AG）食品副社長を歴任し、アサヒビールの経営を任されたことに至るまで、ずっと運が良かった。各部署で地道に仕事をこなす一社員に過ぎなかった自分がここまでやってこられたのは、上司や仲間たちのおかげと考えている。

その原体験は、入社5年目から4年間携わった関東支店営業課のときにある。担当は栃木県。先輩たちに教わったのは顧客（問屋、酒販店）に可愛がられることだった。そのためには、手紙を書くこと、酒販店の自販機を磨くこと、人のつながりを大切にすること……。塩澤は、教えを忠実に実践した。

さらに、塩澤が学んだのは、上司の在り方だった。当時、課員が全員顔をそろえるのは毎週月曜日の朝だけだ。午後になると、栃木県、群馬県など担当地域に飛び、4泊5日ホテルに宿泊して営業する。課員は皆、出張営業で孤独だった。

そんな彼らを励ましたのが、直属の上司である営業課長の荻田伍《ひとし》（元アサヒグループホールディングス会長兼CEO）である。管轄内を回り、各地で夜を過ごしていた荻田は、毎朝6時、ホテルの公衆電話の前に立ち、部下たちの宿泊先に電話を入れる。「おい、元気か」。その電話の一言で、孤独感に苛《さいな》まれ、苦悩していた部下たちは救われた。

部下に1日を気持ちよく始めてもらいたい――。この荻田の熱き想いと行動が部下のモチベーションを上げたのだ。塩澤は上司のあるべき姿を胸に刻んだ。

塩澤が「会う人、全て勉強」と思える「幸運思考」の持ち主である証しが、もう1人の上司、長尾俊彦（故人、元アサヒビール常務取締役営業統括本部長）から「志」を持つことの大切さを学び、「スーパードライを世界一番のブランドにする」という志を立てている点である。

塩澤が長尾と出会ったのは、大阪支社市場開発課長のときだ。上司である市場開発部長の長尾に多くのことを学んだ。

まず、上司は度量が広くなくてはならないこと。長尾は部下に考えさせ、任せる〝親分肌の上司〟だった。

また、全ては顧客視点で物事を考えること。例えば飲食店への提案。空いている物件に繁盛する飲食店の模擬出店を提案させる。店は何人で回せるのか、いくら売り上げれば利益が出るのか。経営に関することまで詰めさせた。飲食店へ冷蔵庫・サーバー・看板を提供するだけの「御用聞き営業」から「提案営業」へ転換する契機となった。

特に、塩澤の心に響いたのは「顧客と深い関係にならないと競争優位に立てない」という長尾の言葉だった。後に完成させた「課題解決型営業」の基本的考えを植え付けられたのである。

また、塩澤は2017年、ビール業界とは無関係のアサヒグループ（AG）食品副社長に就任させられたときでも、自分自身を鍛え、学習する良い機会だと考えた。

塩澤は「幸運思考」で、新価値創造を追求し続ける。

競合他社を意識したビール業界の戦いは消耗戦になるだけだ

私は拙著『「使命感」が人を動かす』（集英社インターナショナル）で、近年、優秀な経営者の中に「傍流組」の出身者が増えていると書いた。会社の主流とされる部門を歩み、出世をしてきた人より、周辺部署や子会社で苦労してきた人のほうが改革を成功させているケースが多い。しがらみがないため、思い切った決断ができるという面があることに加え、外から客観的に会社を眺めることができ、改革しなければならない不合理な点をよく見出せるからである。

塩澤賢一は、根っからの「傍流組」ではないにもかかわらず、客観的に物事を眺める目を持つ。

塩澤は１９８１年、入社以来、営業・経営企画に携わるが、歴代の社長とは経営手法も個性も異なる。例えば、「スーパードライ」旋風を巻き起こし、ビール業界首位を奪取した瀬戸雄三（元アサヒビール会長）は、21年ぶりのアサヒ生え抜き社長として攻めの経営に打って出て、成長発展の礎を築いた。続く池田弘一（元アサヒビール会長）はアジア大洋州への進出を決断、国際化への道を切り拓く。また、荻田伍（前出）は、商品開発部門を刷新、新ジャンル新商品を続々と投入し、ビール類を拡充した。

いずれも個性豊かで、華やかな社長だった。

これら前任者と比較すると、塩澤は控え目で、堅実・実務タイプの社長である。しかし、その半面、内なる意志の強さは社長就任直後からの言行一致を見れば明らかである。

塩澤は２０１９年、社長に就任すると、「われわれの利益の源泉であるビールを圧倒的に強くする。将来的にはシェアを現在の50％弱から60％強くらいまで高めていく」と宣言した。

その言葉通り、様々な施策を実行している。例えば、ビール衰退の要因は若者のビール離れにあると分析。若年層の需要を掘り起こそうと、２０１９年春からスポーツバーやクラブなど飲食店向けに「スーパードライ ザ・クール」を売り出した。瓶から直接飲む新スタイルを提案すると同時に、味も若者向けに苦味や渋みを抑え、飲みやすくした。また、19年9月、「ＤＸ推進室」を新設、デジタルトランスフォーメーション戦略を推進すると同時に、若者を対象としたネット広告への取り組みを強化する。塩澤が言う。

「若者は、『ビール嫌い』なのではなく、『ビールの世界に入ってきていないだけ』と捉えています。若い人はビールを飲む機会が少なくなっている。ならば、そういう機会を設けることを提案しなければなりません。その1つが『ザ・クール』という商品でした。また、スーパードライも、飲み応えを向上させる必要がある。そこでフルリニューアルして、若者層が持つ『辛口イコール苦い』というイメージを払拭させました」

ここで特筆すべきは、「若者のビール離れ」を客観的に眺め、原因を分析する塩澤の〝傍流組視点〟である。

もともと塩澤は若い頃から問題意識を持ち、仕事の本質は何か、自分の役割は何かという「Ｗｈａｔ」に対する答えを追求してきた。そして本質論抜きに、「Ｈｏｗ Ｔｏ」を議論したところで意味がないと考えてきた。

関東支店営業課員時代、栃木県内の顧客開拓で業績を上げたのも、吾妻橋支店営業課員時代、浅草・雷門周辺の飲食店の大半をアサヒの店に切り替えさせたのも、さらに東京北支店長のとき、経験の少ない家庭用市場を担当し、販売してきたのも、常に問題意識を持って仕事に挑んできたからである。

そんな塩澤がビール業界を客観的に眺め、不合理な点を見つけられたのは、２０１７年、アサヒグループ（ＡＧ）食品の副社長に就任したときである。そこでの2年間の〝傍流経験〟が社長に就いた現在に生きている。

ビール業界に不合理性を感じたのは、競争会社を見ながら商品を開発する売上優先の姿勢だった。収益性をしっかり吟味せずに、儲からない商品でも売っている。その点、食品業界は、他社の商品がヒットしても、後追いせず、別のジャンルで商品を開発し、ヒットさせることに注力する。つまり、利益優先主義で商品作りを行っているのである。

塩澤は「競合他社を意識したビール業界の戦いは消耗戦になるだけだ」と自戒を込めて言う。塩澤が目指すのは、消費者に新価値をもたらす商品・サービスの提供である。傍流組視点で眺めたビールメーカーのあるべき姿なのである。

パイオニア精神の発揮とイノベーションの実現

企業にとっての至上課題は持続的な成長である。そのため、企業は何をすべきなのか。それが今日の企業経営者に求められている最大の課題である。

重要なのは、中期的な周期で成長を遂げているかどうかである。持続的成長を遂げる風土になっているか。土壌が改良されているか。種まきが行われているかが問われる。必要なのは長期的視点だ。

それだけに「カオス（混沌）時代」の今ほどトップにゴーイングコンサーン（企業が将来にわたっ

て事業を継続することを前提にする考え方）をやり抜く〝胆力〟が求められている時はない。

その点、塩澤賢一は、ゴーイングコンサーンを実行する経営者である。

塩澤賢一は、長期ビジョン「〝Ｖａｌｕｅ経営〟への変革」の実現に向けて、エンジンをフル回転させている。

その結果、ビジョンは社内に浸透しつつあり、各職場では心構えや行動を表した「お客さま満足の追求」「社員の成長と安全で働きやすい職場環境づくり」「持続可能な社会への貢献」など、10項目から成るグループ「行動規範」に基づく意識改革が確認されている。

塩澤が埋め込めつつあるのは、理念やビジョンだけではない。部署ごとにＰＤＣＡ（Ｐｌａｎ［計画］・Ｄｏ［実行］・Ｃｈｅｃｋ［評価］・Ａｃｔｉｏｎ［行動］）を回せる「組織風土」や新しいことに挑戦する「企業文化」をも埋め込もうとしている。

振り返ると、アサヒビールの歴代社長は皆、自らの使命を追求してきた。

瀬戸雄三はビールの鮮度を追求する「フレッシュマネジメント」を全社活動として取り組み、池田弘一は聖域なき「構造改革」を断行。荻田伍は「総合酒類化」への布石を打ち、泉谷直木は「国際化・事業多角化」を具現化した。

では、塩澤は次の世代に何を残そうとしているか。腐心しているのは、次世代に向けての〝土壌〟

改良であり、〝種まき〟だ。そのために必要なのは、「パイオニア精神の発揮」と「イノベーションの実現」である。

新しいマーケットを創出する事業革新から個々の革新的な商品やサービス提案に至るまで、常に新価値を創造すべく革新を行う〝パイオニア〟でなければならない。

その精神の発揮は、若年層の新需要の創造を図るために、小瓶の「スーパードライ ザ・クール」の開発、製造後翌日に出荷する「スーパードライ 工場できたてのうまさ実感パック」の発売、氷点下のスーパードライ「エクストラコールド」が家庭でも楽しめるビールサーバーの開発、「アサヒスーパードライ生ジョッキ缶」の発売、「アサヒ生ビール（通称マルエフ）」の復活、「スーパードライ」のフルリニューアル……などに表れている。

また、新市場創出の事業革新の1つとして、飲み方の多様性を推進すべく「スマートドリンキング」がある。若年層のアルコール離れが進む中、飲む人も飲まない人も、お互いを尊重し、一人ひとりが、自分の体質やシーンに合わせて、適切なお酒やノンアルコールドリンクを選べる社会の実現に向けた取り組みだ。具体的には2025年までにビール類、RTD、ノンアルコールに占めるアルコール度数3・5％以下の売上構成比を20％に高める計画だ。

これらの発想の原点が、「消費者満足度」の向上にあるのは言うまでもない。

塩澤は、販売拡大の施策という〝種まき〟にも、心を砕いている。

その施策の1つは、「課題解決型」営業の促進である。顧客（量販店、飲食店）と一緒に課題を解決し、顧客とより深い関係を構築することにより、競争他社の優位に立ち、販売を拡大し続ける。この営業手法は、塩澤が営業戦略部長の２００８年に発案し、各地域本部より選抜された営業マネージャーと、営業担当者対象の「課題解決研修」として開始し、それ以来現在なお継承されている。これを進化させることで、強固な〝販売拡大装置〟化していく。

塩澤が将来への〝種まき〟にこだわるのは、基幹商品「スーパードライ」を世界で一番愛されるブランドにしたいと熱望しているからである。

アサヒビールは国内事業のみを担当するが、世界の「スーパードライ」のマザーマーケット、マザー工場は日本にある。日本での生産・販売事業が世界のビジネスモデルとなっているだけに、辛口・鮮度・冷涼感の３つの価値を訴求し続け、ビールの楽しさを伝える活動を通して「ザ・ジャパン・ブランド」へと成長させていきたいと考えているのである。

将来の成長へ向けて塩澤の〝種まき〟が続く。

［筆者注：塩澤賢一氏は２０２３年３月、アサヒビール取締役会長に就任する予定です］

第2章　気づく幸せを感じながら生きる

明治安田生命社長　永島英器

原点にある同じ明日が来る保証はない

私は成功する企業経営者には、「幸運思考」があると考えている。「運」というのは、「私は運が良い」と思う人につき、「運が悪い」と思う人にはつかないようだ。現に、成功する経営者の多くが「自分は運に恵まれた」と語っている。

彼らに共通するのは、どのような状況におかれても、どこかで肯定できる視点を持っていることだ。例えば、失敗したとき、その原因を他人のせいにしたり、タイミングや環境のせいにしたりせず、すべて反省の機会に置き換えられる人だ。さらに全てが勉強だと思える人。「会う人、全て勉強」「仕事は全て勉強」と思える人と、そうでない人とでは、物事の吸収力が違う。周囲を見る目も違ってくる。企業リーダーには欠かせない資質だと私は考える。

永島英器《ながしまひでき》（60）も、「自分は運が良い」と明言する。

永島　英器（ながしま　ひでき）
1963年、東京都生まれ。東京大学法学部卒業後、1986年に明治生命（現・明治安田生命）に入社。ロサンゼルス駐在、新桐生営業所長、静岡支社長などを経て、2015年執行役企画部長、2016年執行役員人事部長、2017年常務執行役となり、2021年に取締役代表執行役社長に就任。2022年、健康増進や地域とのつながりを支える「MYリンクコーディネーター」制度を創設する等、社会的価値と経済的価値の向上を目指す。

東京大学法学部を卒業し、志望する旧明治生命（現・明治安田生命）に入社できたことに始まり、法人サービス部団保年金設計課を振り出しに法人契約設計部、米ロサンゼルス駐在、営業企画部商品開発グループリーダー、群馬支社新桐生営業所長、静岡支社長、企画部長、執行役員人事部長などを歴任し、明治安田生命の経営を任されたことに至るまでずっと運が良かったと考えている。

永島が、何事もあきらめないのも、粘り強いのも、学び心が旺盛なのも、基本的に「幸運思考」であるからだ。とりわけ、豊かな感受性と高い問題意識からくる「学習意欲」が強い。永島自身、「生涯学習」を地で行くようなビジネス人生を送ってきたと言って過言ではない。

そもそも永島が旧明治生命に入社したきっかけも、大学の授業でフランスの哲学者ジャン゠ジャック・ルソーの「社会契約説」から派生した「保険説」に出合ったからだ。国家は税金という名前で保険料を集め、貧困や災害などいざというときに対価として救いの手を差し伸べる「保険説」があることを知る。これからはますます国の役割は小さくなり、民間の役割が大きくなると考え、相互扶助の理念で成り立っている「保険相互会社」に就職したいと思った。

入社後配属された法人サービス部では、直属の上司の課長にサラリーマンとしての心構えや基本姿勢を叩き込まれた。例えば、「誰々さんから電話がありました」とメモを書くと、「電話番号がない」と怒られた。たとえ相手から「折り返さなくてもよい」と言われても、読み手のことや次のステップを意識して必ず電話番号を書くようにと言われた。

また、その後異動した法人契約設計部のときには、別の課の課長が、かねて切望していたロサンゼルスへの留学について親身になって相談に乗ってくれた。1年間のロス留学が実現したのはその課長のおかげだった。

しかも、その後4年間のロス駐在体験が永島の人生観を変える。永島が言う。

「赴任中に見舞われた大規模な暴動や地震で命の危機にさらされたことから、今日と同じ日が明日も来る保証はないことを思い知らされた。今日が人生最後の日だと思って生きようという『一日一生』を胸に刻む原体験となりました」

さらに永島は、市場開発部保険約款・調査グループのスタッフ時代での2年間、グループリーダーの根岸秋男（現・会長）の下で、開発中の保障の見直しが自在にできる新商品「ライフアカウントL.A.」を担当。情報システム、事務、人事、教育など組織横断的に説いて回る仕事に携わり、志を同じくする仲間たちと新商品の開発に懸ける熱いエネルギーを実感した。

もう1つ、新桐生営業所・所長のときには、〝保険相互会社〟のあるべき姿を追求している。具体的には、営業職員一人ひとりが自発的に自分の目標を立てて、お客さま一人ひとりに応じた保険を提案するマネジメント手法を取った。つまり、会社都合ではなく、営業職員の担当する一人ひとりの〝お客さま都合〟で、営業を行うことを徹底させたのだ。

ある折、永島は1人の営業職員に言われた。「私は学校を卒業してから職を転々としました。おカネのため、自分のため以外に、仕事をしたことはなかった。でも、今は違います。お客さまの笑顔のために頑張りたいと心から思っています」。永島は涙が止まらなかった。

また、経済的な事情から保険料の支払いが滞りがちなお客さまを営業職員が懸命に支えていた姿を目の当たりにし、「お客さま一人ひとりの幸せをしっかり守れる会社でありたい」という思いを一層強くしたと言う。永島は振り返る。

「私は常々、幸せには、『築き上げる幸せ・気がつく幸せ』があると言っていますが、気づく幸せを感じながら生きてこられました」

正の循環＝一人ひとりの共感が会社を成長させる

日本と欧米の企業文化の違いは、日本企業が人を育て、技術を育て、事業を育てる、いわゆる「育てる文化」であるのに対し、欧米企業は、人はスカウトする、技術は購入する、事業は買収する、といった経営効率を最重視する「選択する文化」であることだ。「育てる文化」に効率を追求する、そこに日本企業独自の特徴があった。

そんな日本企業も近年、グローバル化の進展により、欧米型の「選択する文化」にシフトする傾向にある。それは新卒一括採用を行い、社内で教育を実施し、仕事のスキルを身につけさせて、配置する「メンバーシップ型雇用」から、求めている能力を持ち合わせた人材を雇用する「ジョブ型雇用」

に転換する日本企業が増加していることに表れている。

その点、永島英器はどうか。社長就任以来、「企業理念『明治安田フィロソフィー』を体現する従業員一人ひとりの心を起点として、美しい循環を創る」と訴え続けている。すなわち、従業員一人ひとりが企業理念や経営ビジョンに共感を示し、誇りと情熱を持って仕事に向き合い、結果としてお客さま満足度の向上につながり、会社が成長するという正の循環を創る経営を目指すという。

そして、それを実現するためには、従業員の雇用はジョブ型ではなく、長期の視点を持って人材を育成するメンバーシップ型の継続が必要だと断言する。

そうした永島のメンバーシップ型に対するこだわりは社長になる前の執行役企画部長、執行役員人事部長、常務執行役のときから、定年延長、契約社員の社員化、給与の固定化など評価制度の改革や待遇改善に腐心し続けていることからも頷《うなず》ける。

代表例が２０２１年（令和３年）４月、デジタル化により削減した定型事務を担っていた人材を配置する「事務サービス・コンシェルジュ」の新設だ。役割は事務知識・経験を生かし、営業職員と共に顧客を訪問し、保険金支払いなどに関する書類を確認したり、諸手続きのサポートを行ったりするというもの。現在、約２０００名による訪問型サービス活動を展開。これにより顧客満足度が高まっている。

永島は、デジタル化の進展でなくなる仕事が増える問題への対応も、ジョブ型ではなく、従業員一人ひとりの自己変革、自己成長を前提としたメンバーシップ型を守ることにこだわる。永島は言う。

「われわれは相互会社（保険契約者が社員［株式会社の株主に相当］となり、配当を受ける）であり、長期目線のご契約者がステークホルダー。企業理念を体現できる人材を長い時間軸で育てていきます。専門職以外、人材を外から持ってくることを考えていません」

特筆すべきは、「雇用も保険もメンバーシップ型」という考え方だ。「相互会社の保険は配当請求権があるなど、運命共同体の船に乗っていただくようなもの」が持論の永島は、２０２１年10月、「ＭＹ《マイ》ミューチュアル配当」の支払いを開始。長期間内部留保の積み立てに貢献する契約者に対し、内部留保から還元するという相互扶助の理念に基づいた配当で、業界初の試みだった。

永島が繰り返し従業員に伝えるのは目標数値達成の話や成果を上げる話ではない。ましてや欧米型経営が生み出したＫＰＩ（重要業績評価指標）化して現場に下ろすというやり方はとらない。

一例を挙げる。同社には加入者が万一のとき、保険金とともに遺族へ届ける「エピローグレター」というサービスがある。当初、会社はそのサービスにもＫＰＩを設定した。そのため、顧客から「無理やり登録を迫られた」などと苦情が寄せられた。永島は「手段が目的化し、本来の意味、物語が語られなくなっている」とし、エピローグレターの登録を現場評価のＫＰＩから除外した。

そんな折、永島はある支社を訪れ、従業員を前に自らのエピローグレターについて語った。「私はいつも娘に伝えている言葉『おうちに生まれてきてくれて、ありがとう』をエピローグレターに書きました……」

すると、ある営業所長から永島に手紙が届いた。「私も同じことを幼い娘に言いました。翌日、娘から、『パパ、ありがとう』というメールが届きました。私が数日前に買い与えた見守り用携帯から届いた人生最初のメールでした。エピローグレターは人生最後のメッセージですが、その物語が人生最初のメールに結びついたのが嬉しかった」と。

永島の言う物語で人を動かし、共感で人を動かす結果となった。

永島がメンバーシップ型にこだわるのは、一人ひとりの従業員が心から湧き出る情熱、使命感を持って顧客に向き合うことで、お客さま満足度が高まり、会社の成績が上がる。そんな好循環の経営スタイルを追求するためである。

ベクトルは価値観を共有することによってのみそろえられる

私は拙著『続く会社、続かない会社は№２で決まる』（講談社＋α新書）で、会社を変えるのは「№

2」だと考えると書いた。私がいう№2とは、役職やポジションの「2番目」ではない。肩書は副社長、専務かもしれないし、中間管理職の中から出てくるかもしれない。№2は、トップに意見を具申する参謀であり、ビジョンの具現化を補佐する役割を担う。また、トップと現場をつなぎ、社員の自発性を引き出し、モチベーションを高め、自由闊達《かったつ》な企業風土に変えていく世話役でもある。

№2に必要なのは知識やテクニックではない。会社の存在意義とは何か、仕事を通じて社会をどう変えたいのかという明確な「使命感」だ。何事も客観視できる冷静さと問題意識、会社を変革することへの情熱を持っているか否かだ。それを私は「№2シップ」と呼ぶ。

永島英器も、№2シップを発揮してきた。

永島は1986年（昭和61年）、東京大学法学部を卒業後、旧明治生命に入社。法人サービス部を振り出しにロサンゼルス事務所、群馬支社新桐生営業所長、静岡支社長、企画部長、執行役員人事部長などを歴任、随所で№2の役割を果たしてきた。

永島の特徴は、従業員一人ひとりのモチベーションの向上に注力してきたことにある。それも従業員に、自分のために「働く意味」や「やり甲斐《がい》」、「使命感」を気づかせるというやり方だ。永島がその手法を貫いたのは、人は担当する業務の位置づけや意義を理解し、夢や感動のある仕事をすることができれば、必ず爆発的なエネルギーを発揮すると確信しているからだ。

永島が最初に№2的役割を果たすのは、1999年（平成11年）4月から5年間務めた商品開発グループ時代である。

当時、同社は保障部分と貯蓄部分を明確に分け、必要に応じて保障の見直しができる画期的な新型商品「ライフアカウントL．A．」を開発中だった。永島は商品開発グループリーダーの根岸秋男（前出）の下、極秘でL．A．の開発にあたる。永島率いる事務局の小部屋には商品、情報システム、収益管理担当など5～6人のメンバーが出入りした。事務局のミッションは、「保険を変え、社会を変える」。

永島は毎日、開発課題についてメンバーたちと議論した。一方、各メンバーが独自に書いたL．A．の企画書を担当役員に提案し、その都度突き返され、書き直すのを黙って見守った。彼らがいかにして社内を理解させるか、彼らなりの考えや自由な発想を尊重し、任せたのだ。

しかし、2度以上企画に賛同を得られない場合は、永島は自ら赴いて役員たちを説得した。

こうしてL．A．は2000年4月に発売。まさに永島の持つ使命感、それに支えられた人間としての情熱により誕生したと言っても過言ではない。

その後就いた新桐生営業所長の折は、在任2年間で営業職員数を1・5倍に増やし、全国1500

の営業所中、営業職員増加率№1を記録した。永島はどうやって達成したか。

永島が腐心したのは、従業員が輝いて仕事をする職場環境づくりだった。そのためできることは何でもやった。

例えば――。休日出勤する営業職員のためにパンを用意したり、新人営業職員には同行支援したりした。また、数字を営業職員に押し付けることはせず、むしろ毎月締め切り日の翌日の所内報には従業員一人ひとりにユーモアを交えた心温まるメッセージを贈った。さらに、顧客と地域の人を巻き込んだバレーボール大会や、支部ごとの昼食会など、従業員全員が楽しめるイベントを設けた。そうした結果、従業員の働き甲斐は向上し、採用目標も難なく達成することができた。

永島が次に№2シップを発揮するのは、２０１０年から3年間務めた静岡支社長のときである。

赴任当時、静岡支社の業績は低迷していた。「原因は13ある営業所の意思統一の欠如にある。世のため、人のためになる仕事をする、といった価値観を共有することによってのみ営業職員全体のベクトルをそろえることができる――」。そう考えた永島は、ひとつにまとまるべく社会貢献活動を発案する。その代表例が地域活性化を目的とした街コン「しずコン」のサポートだ。

静岡支社は地元の飲食組合と共同で実行委員会に入り、チラシの配布や受け付けなど雑務を担当。しずコンは合計6回開催、回数を重ねるごとに参加者は増えていった。そうした生保の社会貢献活動は反響を呼び、メディアにも取り上げられた。支社は一体感が醸成され、10年ぶりに「支社グランプリ」（組織表彰）を獲得する。

その後、永島は企画部長、執行役企画部長、執行役員人事部長、常務執行役へと上り詰め、№.２として「根岸改革」をサポートするのである。

会社の命運は企業理念の自分ごと化で決まる

経営者の責任とは、企業のリーダーであることだ。それも役員をまとめ、中間管理職を引っ張っていくだけでなく、社員全体のリーダーでなければならない。そのためには、経営者は会社の理念、ビジョンを社員一人ひとりに伝え、共有できるようにすることが不可欠だ。

では、経営者がビジョンを徹底するための条件は何か。ビジョンを何度も繰り返し伝え続けることと、言行を一致させることだ。すなわち、自分の理念や方向性通りの会社運営を実行することだと考える。

永島英器も、自ら策定を主導した企業理念「明治安田フィロソフィー」（＝企業理念、経営理念・

企業ビジョン・バリューで構成）を社員に伝え続け、その実現に向け企業運営を実行している。

永島が策定にかかわったのは企業理念だけではない。「10年計画」「中期計画」なども、それらのベースに役員時代の永島の考え方が色濃く反映されている。

具体的には、2030年の目指す姿『ひとに健康を、まちに元気を。』最も身近なリーディング生保へ」と、その実現に向けて展開する「みんなの健活プロジェクト」「地元の元気プロジェクト」の2大プロジェクトだ。また、地元の清掃活動など自発的な地域貢献活動を推進する「Kizuna（きずな）運動」と称する組織単位の小集団活動などである。

これらはすべて現場での活動であり、それを推進するのは企業理念を体現し、使命感や湧き上がる情熱をエネルギーに仕事をする従業員に他ならない。それだけに永島は、従業員一人ひとりが顧客、地域社会、働く仲間との絆《きずな》を育んでいくことが重要だと考える。活動の成否のカギを握るのは、従業員の「人間力」であり、職場での〝輝き〟なのである。

永島は社長就任以降、全国34支社を回り、営業職員を含めた各支社の従業員を集めて語ったり、意見や要望を聞いて答えたりしている。繰り返し訴えるのは、「企業理念を自分ごと化し、日々実践していってほしい」だ。永島が言う。

「企業理念は会社が何者で、何を目指し、何を大切にしているかを定義していますが、それ以前に、従業員は自分自身が何者で、何を目指し、何を大切にしているかを問い続ける必要がある。自分の価値観を持った人だけが、会社と自分の価値観を心の中で対話させることができ、企業理念を〝自分ごと化〟できるのです」

特筆すべきは、永島の「従業員は会社のためにではなく、自分の幸せのために輝かなければならない」という、企業トップらしからぬ言葉だ。

永島は続ける。「職員が自分の幸せを真摯《しんし》に、誠実に考えて行動に移す。その結果としてお客さま満足度が向上し、会社は成長し、それがまた職員に還元されて、お客さまの幸せに結びつけることができる。こうした正の循環を実現することが、私が希求する理想なのです」

そういう永島の職員一人ひとりの「幸福感」へのこだわりは若い頃からあった。そのエピソードの1つ――。

２０１５年、永島が企画部長のとき、明治安田生命は「Jリーグタイトルパートナー」となり、「明治安田生命Jリーグ」がスタートした。ある折、永島は社長の根岸秋男（前出）から、「社内のJリーグ熱を盛り上げていかなければいけない。男性は盛り上がっているが、女性は関心がないようだ。何とかしろ」と言われた。企画部のある女性職員に相談すると、彼女は直ちにJリーグ女子クラブ「JJ倶楽部」を立ち上げた。女子クラブは成長し、やがて全国の支社組織になり、各支社に女子クラブが誕生した。以来、女子職員たちは自発的にJリーグを応援するようになった。

彼女に感謝した永島は、何かしてあげられることはないかと考え、将来の選択肢を広げるには営業所長を経験したほうがいいとアドバイスした。彼女には幼子が2人いて、東京を離れることは難しかったが、家族と相談して、実家に近い九州のある営業所の所長になることを希望した。彼女は所長に着任すると、生き生きと働き、その結果、営業所の成績は全国No.1になった。

「私は常に、従業員一人ひとりの生活の事情に合わせた働き方を設けるように努めてきました」。そう語る永島は、従業員が輝いて働く職場づくりに腐心し、成果を出してきた。それは永島が新桐生営業所長のときに、採用増員率が全国トップになったことからも証明される。

「今いる職員が幸せでなかったら採用はできません。私は営業の成績を口にすることなく、職員一人ひとりの幸せや価値観だけを見ていたので、結果として人が増えたのです」

永島は、会社の命運は、職員の「企業理念の自分ごと化」で決まると確信する。

国家と個人の中間にある保険相互会社は第二の国家の役割を担う

この3年間にわたるコロナ禍は企業経営にとっていかなる意味を持っていたのか。私には、「経営の理念」「経営の原点」が問われることになったと思えてならない。

経営者はみな、企業理念に基づいてビジョンを掲げ、その実現に向け全社で取り組んでいると口では言う。しかし、実態はどうか。経営者の多くは利益を極大化する利益至上主義に走っている。経営理念は形骸化し、企業文化の根っこの部分がなくなり、「明日の飯をどうするか」という短期的視野の経営になっていないだろうか。

その最大の理由は「資本市場の論理」「株主資本主義」に毒されていることにある。グローバル化が進み、企業経営のみならず、株主の構成も国際化が進んだ。経営環境が変わっていく中、株主の利益を守り、株価を上げ、株主に大きな還元をすることばかりに汲々《きゅうきゅう》とするうちに、自らの企業の本質的価値の追求がおろそかになってしまった。コロナ禍はいみじくも、企業の本当の姿を炙《あぶ》り出すことになった。

永島英器は現在、10年計画「MY《マイ》 Mutual《ミューチュアル》 Way《ウェイ》2030」で定めた「10年後にめざす姿」――「『ひとに健康を、まちに元気を。』最も身近なリーディング生保へ」――の実現に向け、営業・サービス、基幹機能・事務、資産運用、ミューチュアル（相互）経営の4大改革と、「みんなの健活」「地元の元気」の2大プロジェクトを推進。顧客の健康増進や地域社会の貢献に、全エネルギーを注いでいる。

大事なのは、永島は4大改革の1つに「相互会社経営」改革を掲げ、契約者を構成員とする相互会社（株主は存在せず、保険契約者が社員〔株式会社の株主に相当〕となり、配当を受ける）の強みをさらに発揮して顧客志向の経営を追求していることだ。

例として職員の雇用を守るメンバーシップ型雇用の進化がある。永島は常務執行役時代から事務サービス・コンシェルジュの訪問型サービス活動、契約職員の正職員化を推進。社長就任後は、営業職員の評価システムを定量評価だけでなく、定性評価を含めた総合的評価をしたうえで翌年の固定給を決める「MYリンクコーディネーター制度」を導入した。いずれも〝相互会社〟の強みをさらに強化するための施策である。さらに見逃せないのは、「保険も雇用もメンバーシップ型」と言い切る永島は、長期間内部留保の積み立てに貢献する契約者へ還元する「MYミューチュアル配当」を自ら推進したこと。これは生保業界初の試みだ。

永島は、「10年計画の根っこにあるのは地域社会に支持されるという『社会的価値』と、会社の規模、収益拡大を目指すという『経済的価値』の好循環です」と断言する。

目的は社会的価値の向上。経済的価値の向上はその手段。つまり、社会的価値向上→経済的価値向上という正の循環である。

永島は、「そのことを明確に言えるのは、長期的時間軸で、お客さまのことを最優先で考えることができる『保険相互会社』だと思います」と続けて言う。

「保険株式会社も社会的価値の向上を図るなど、変わろうとしているようですが、利益を上げて配当することが優先順位の上位にあるので、経済的活動が中心にならざるを得ません。その点、保険相互会社は国家と個人の中間にあり、国家と相補う〝第二の国家〟のような役割を担っている会社なのです」

永島が相互会社の価値観を確信していたのは、常務執行役のとき、社長の根岸秋男（前出）に提出した10年計画検討のための意見具申書に表れている。

〈ポスト資本主義に勝機。

米国の大企業は自己株買いで株価を引き上げ、数百・数千億円の個人資産を有する投資家と経営者だけが潤い、貧富の差が拡大。社会の分断を招いている。（略）成長と消費を拡大し続けるという資本主義の呪縛。ここに持続可能性はない。生涯１億円消費した人より10億円消費した人の方が、10倍幸せなのだろうか？〉

〈保険相互会社は自主的に乗船した人々の運命共同体。１人１票の自治の世界。人は生まれる国を選べないが、第二の国家である保険会社を選べる。ポスト資本主義の議論は必ずや活発化し、同時にプラットフォーマーの経営者と大株主への富と権力は必ずや社会問題となる。ここに私たちの最大の勝機がある。ポスト資本主義の議論の中で相互会社の理念を引き継ぐ進化・発展形が生まれ、保険会社が第二の国家として国境を越えて存在し得る可能性がある。〉

こうした永島の考えが10年計画に反映されている。

現在、同社の「地域」「健康」の2大プロジェクトには、3万6000人の営業職員が価値観を共有する人たちに、「同じ運命共同体の船に乗りましょう」と声をかけている。その渦が大きくなると、国民に第二の国家としての選択肢を提供することとなる。

今後の永島の〝相互会社強化戦略〟が注目される。

生きる意味を気づかせるイミ消費型時代

持続的成長を遂げる企業の経営者には、「利益を上げることを通じて長期的に社会に貢献することを目的とする組織」という企業観がある。企業の社会貢献とは、価値ある商品やサービスを顧客に提供することを通じた世の中、社会への貢献だ。価値創造なくしては、企業は継続できない。顧客にとっての付加価値を提供することが会社の存在意義だからである。だから、顧客に評価される企業は生き残る。つまり、持続する企業は「世のため、人のため」という企業文化を醸成しているのである。

永島英器も、過去の歴代社長が企業に埋め込んできた「世の中、社会のために仕事をする」という価値観の企業文化を継承している。

社長就任以降、永島は「お客さま、地域社会、未来世代、働く仲間との絆を大切にします」と宣言する企業理念「明治安田フィロソフィー」の自分ごと化を唱え、相互扶助の精神で人々の幸せや安心を持続可能にする「長期視点での経営」を実行している。その代表例が、10年後に目指す姿「『ひとに健康を、まちに元気を。』最も身近なリーディング生保へ」の実現に向けた「健康」と「地域」にフォーカスした2大プロジェクトだ。

健康増進の支援に取り組む「健活プロジェクト」は、商品面では健康な状態から病気の早期発見・重症化予防までサポートする健康増進型保険「ベストスタイル　健康キャッシュバック」のラインアップを拡充。

一方、地域の発展の支援に取り組む「地元の元気プロジェクト」では、約８００の自治体と連携協定を結び地域の発展を支援する他、道の駅での健康増進イベントの開催、公民館での認知症予防講座等の開催、日本赤十字社との連携協定締結などを行う。

また、スポーツへの支援も積極的だ。同社がタイトルパートナーとなっているＪリーグとの協働では、Ｊリーグウォーキング、小学生向けサッカー教室など。日本女子プロゴルフ協会（ＪＬＰＧＡ）ともオフィシャルパートナー契約を締結している。

永島は、利益は目的ではなく、手段として必要と考える。「地域社会の顧客に支持されるという社会的価値の向上が先、経済的価値の向上は後」。つまり、「地域」と「健康」の2軸で「世のため、人のため」に尽くせば利益は自然とついてくると確信する。

それだけに、永島は顧客を創出し業界のリーディングカンパニーとなるべく経済的価値の向上に腐心する。その1つが２０２２年4月、営業職員の名称を「絆を紡ぐ人」を意味する「ＭＹリンクコーディネーター」に変更し、給与を固定化し活動を安定させると同時に、ライフプランニングや定期的なアフターフォローに加え、より一層の地域貢献活動に取り組む役割を設定したのである。

また、永島が心を砕いているのは、営業職員が自分の幸せを追求するようになること。営業職員一人ひとりが幸せになり、顧客一人ひとりが幸せになる。そうすれば、顧客満足度は向上し、結果として経済的価値は高まる。経済的価値が高まれば、社会的価値は一層高まるという正の循環が起こる。

注目すべきは、永島の時代観だ。モノからコトの消費に移ってきたが、次にはイミ（意味）消費の時代が来ると言う。

「これからはイミ消費型の商品・サービスが入ってくる。明治安田生命はこういうパーパス（存在意義）を持つ会社だからとか、こういう地域活動を行っている会社だからと、加入する意味が問われる時代が必ずくる。つまり、われわれのパーパスや地域活動に共鳴してもらえるかどうかが厳しく問われる。われわれはお客さま、地域社会、未来世代、働く仲間との４つの絆の力で成り立っている会社。そこをさらに深めていこうと考えています」

永島は、人間がＡＩ（人工知能）と違うのは意味を考えて答えを出すことにあり、それを追求していくことが〝人間の復権〟につながると考えている。「営業は絆を紡ぐ人。共感する力、絆を紡ぐ力が輝きを増す人間力の時代になる」と確信している。それだけに部長・支社長に繰り返し伝えるのは「生きる意味を気づかせる上司、働く意味を揺さぶる上司になってくれ」である。

また、「履歴書よりも追悼文」とも説く。経済的価値は成果や功績を書き連ねた「履歴書の価値観」で、社会的価値はお客さま、地域社会、働く仲間、未来世代からどのように記憶され評価されるかという「追悼文の価値観」だ。永島は語る。

「履歴書の価値観も大事だが、追悼文の価値観はもっと大事。誰かが亡くなったときにどんな追悼文が書けるか。自分が死んだときにどんな追悼文を書いてもらえるかが大切です。追悼文が表す社会的な価値を大事にしてほしい」

そう語る永島率いる明治安田生命の「人間復権」による社会貢献活動への追求が注目される。

第3章　地域一番のコンビニエンスを目指す

ローソン社長　竹増貞信

コロナ禍の危機をチャンスと捉える

この3年間のコロナ禍は企業経営にとっていかなる意味を持っていたのか――。新型コロナは確かに社会に大きな影響を与えた。しかし、それらはコロナ問題がなければ生じなかったかといえば、それは違うというのが私の考え方だ。新型コロナにより、潜在的な課題や問題がより早く、鮮明な形で露《あら》わになっただけであり、「解決するべきミッション」がより明確な形で示されただけともいえる。

今後の企業経営は、一層の苦難に直面するだろうが、各企業の抱える「根本的課題」の解決抜きには先に進むことはできない。むしろ、先送りが許されなくなったと覚悟するべきだと考える。そういう意味で、コロナ禍は、企業経営者にとって日頃の危機感の有無と、「危機をチャンスに転化する」手腕が問われる機会になったと言える。

竹増貞信《たけますさだのぶ》（53）は常に、危機感を持っている。

竹増　貞信（たけます　さだのぶ）
1969年、大阪府生まれ。大阪大学経済学部卒業後、1993年に三菱商事入社。畜産部、広報部、社長業務秘書などを経て、2014年にローソン代表取締役副社長。2016年から代表取締役社長。2020年にローソングループ大変革実行委員会を立ち上げ、委員長として「商品」「売場」「収益力向上」「データ活用」「SDGs」などさまざまな分野での改革を進めている。2021年から経済同友会の財政・税制委員会の委員長も務めている。

竹増が社長就任以来、「加盟店が〝ローソンの加盟店〟になって本当によかったと確信しているかどうか」にこだわり続けるのも、「すべてのお客さまレコメンドNo.1」への挑戦――すなわち顧客から「ローソンが一番」と評価される「地域一番のコンビニエンスストア」の実現を目指すのも、地域社会に密着し、顧客ニーズに合致した〝店づくり〟を具現化しなければ成長しないという危機感があるからだ。

このため竹増は、全国の店舗を毎年500店以上回り、加盟店のオーナーや店長たちとの対話を続けている。オーナーたちと社会のために仕事をするという価値観や課題を共有し、加盟店の悩みや要望を聞き、地域社会の生活様式や需要構造の変化への対応について語り合い、加盟店との「絆《きずな》」を深めている。さらに、毎月1回社内に向けてビデオメッセージを配信、自分の思いやビジョンを伝えている。

とりわけ竹増が力を入れて取り組んだのは、夕方・夜間の時間帯の需要創出だ。コンビニは朝食と昼食の時間帯に需要が集中するが、夕方以降は需要が減る。夕方・夜間需要をつくらなければ成長できないと危機感を抱き、夕夜間の品揃えの強化に注力した。例えば、店内調理用厨房《ちゅうぼう》を6000店舗に設置したり、惣菜・生鮮品・冷凍食品・加工食品などのスーパーマーケット代替商品を拡充したりした。

しかし、夕夜間にスーパーで買い物する人々の生活様式はなかなか変わらなかった。そこへコロナ禍という、かつて経験したことのない危機が襲ってきた。阪神・淡路大震災や東日本大震災など自然災害による危機的状況は何度も経験したが、コロナ禍は街中から人がいなくなるという異質の危機である。

コンビニは主に、通勤・通学時の朝食、勤務先での食事など「動く人」を対象に便利さを提供してきた。ところが、巣ごもり生活により、その需要が激減してしまった。他方、スーパーは食料品の需要が急増した。

そんな折、自転車で店回りをしていた竹増は、あるお客から「本当は家から近いローソンで買い物を済ませたいの。でも、生鮮野菜やお肉を置いていないからスーパーへ行かざるを得ないのよ」と言われた。

スーパーは家から遠く、混雑している。その点、ローソンは全国に1万5000店舗ある。顧客の店内滞在時間も短い。近くにあるローソンで食料品など日常的な買い物をしたいというお客の声が日増しに増えている。

竹増はコロナ禍で社会が一変したことをチャンスと捉えた。2020年（令和2年）9月、変化する消費者のニーズに応えるため、自ら委員長を務める「ローソングループ大変革実行委員会」を立ち上げ、12のプロジェクトを発足、商品、店舗、物流などの改革を進める。

注目すべきは、同委員会による「店舗理想形追求プロジェクト」だ。これは2021年度中に300億円を投じて4300店舗を改装。22年度にはさらに3500店舗での実施を目指し、2年間で全店舗の約6割を改装するという計画だ。コロナ禍で消費者の行動範囲が狭くなり、店舗にはより多様な品揃えが求められる。変化した生活様式に合わせ、近隣住民が生活のための必需品を購入する目的で来店する店舗を目指す。

目玉は2つ。1つは冷凍食品の拡充。竹増は言う。「生活様式の変化で多種多様の商品がコンビニに求められるようになった」。

そこで全店で冷凍食品用の売り場を増設。改装した店舗では商品点数を約60点から約110点まで増やす。商品開発も、流水解凍で食べられる刺身、中華丼などの丼物、ラーメン、パンといった具合にジャンルを広げた。

もう1つは店内調理用厨房「まちかど厨房」の拡大だ。現在、全店舗の約6割にあたる約9000店舗で展開。店内でご飯を炊いたり、揚げ物をしたりして、弁当類やサンドイッチを作って提供している。その結果、店舗は活性化し、業績を上げている。

竹増は危機をチャンスに転化しつつある。

すべての答えは現場にある

最近、「現場主義」の重要性を唱える経営者が少なくなっている。企業の存在価値を決めるのは製品・マーケット市場であるはずなのに、それよりも資本市場からの評価を気にする経営者が増えていることの証左である。

持続的成長を遂げる企業の経営者に共通するのは、その企業についての現場感覚があること、つまり、事業に精通していることだ。経営者に事業の現場感覚がなければ、また自社の事業に精通していなければ、鋭角的な意思決定ができない。すなわち慣例や既存の考え方、しがらみに囚われて新しい発想、行動ができない。経営者は常に現場の情報を重視し、現場の生の情報に基づいて判断しなければならない。そのため、経営者は現場に自ら足を運び、現場の生の情報を肌で感じ取り、意思決定を行うことが不可欠である。

竹増貞信は現場感覚を重視し、現場視点で本質を見抜く眼力を持つ。口癖は「すべての答えは現場にある」。

竹増の現場感覚を保つための努力には目を見張る。2016年（平成28年）社長就任以来、毎年約500店、コロナ禍の2020年でも年間400店以上の店舗を回り、加盟店のオーナーや店長たちと繰り返し対話を続けている。自らのビジョンや思いを現場に伝えると同時に、現場で起こっている問題や抱えている課題を聞く。

そして、店回りをした後はオーナーたちと地元の飲食店で懇親会を設ける。竹増は本部の考えや思いを率直に語り、オーナーたちは皆、胸襟を開いて、悩みや歓び、感動を竹増に伝える。そうした緊密な対話を繰り返すことにより、本部と加盟店はお互い「運命共同体」的な意識を持った仲間であることを確認するのだ。

さらに竹増は、店舗回りを行うことによって、現場がいかにお客の立場に立って店づくりをしているかを確かめている。竹増は語る。「みんな、現場・現物・現実の3『現』が大事だと言う。でも本当に〝自分ごと化〟しているかどうか。ですから私は『現場をしっかり見ているぞ』と、回った店舗についての感想や考えを自分のブログで社内に発信し続けているのです」

では、竹増にとって現場とは何か。まず商売の〝生の場〟であること。社内のスタッフ部門にまとめさせた2次情報ではなく、1次情報である。つまり、変化の最前線であると言える。

地域社会や街は変わっていく。需要層が変わり、コンビニに求める商品・サービスのニーズも、社会の課題解決への対応も変わる。このように環境変化が加速している今日、方針や方策は店舗を見、お客と接する店舗のオーナーや店長たちから直接話を聞かなければ鋭角的に判断を下すことができない。

もう1つは、現場というのは顧客の立場に立って、利便性は何なのかを追求する「商売の原点」であることだ。それだけに竹増は意思決定の過程でも、現場の状況を把握しているオーナーの意見や主張を重視する。

では、竹増はどうやって「現場主義」を身に付けたか。

竹増は大阪大学経済学部を卒業後、三菱商事に入社。畜産部を振り出しに、米国豚肉処理・加工品製造会社駐在、広報部、経営企画部社長業務秘書を歴任し、ローソンに転出している。

そんな竹増が現場主義の大切さを体得したのは、１９９３年、三菱商事入社後に配属された畜産部牛肉担当チームで、牛肉の国内販売に携わったときだ。

１９９１年の牛肉輸入自由化の直後で、牛肉価格が大暴落し、業績は悪化。竹増は、豪州の牧場に残っていた大量の牛肉を1年間で全部売り切る任務を受け、販売子会社へ出向する。流通にコネもツテもない竹増は、スーパーマーケット年鑑を見て、電話をかけて売り込んだ。しかし、なかなか売れない。考えあぐねた竹増は週末、まな板、包丁、電磁調理器を持ってスーパーを訪ね、店頭で試食販売を行うことにした。それを毎週続けていると、スーパーの幹部の目に留まり、購入してくれるようになった。こうして販路を広げ、牛肉を1年で売り切るのである。

その後、豚肉チームに異動した竹増は、商品の付加価値を高めるため、毎日朝早く肉を切ってパッキングする加工センターへ出向き、観察を始めた。やがて従業員の数人と顔見知りとなり、言葉を交わすようになった。中には「竹増さんのところの肉はもう少し脂を残してくれたら、薄切りにする際にちぎれず使いやすい」と教えてくれる人がいた。竹増は語る。

「それまでは、わざわざ脂を削ぎ落として販売していた。脂を残した状態で売れればその部分が肉の形を保つ役割を果たし、脂の部分もロースの値段で売れるので歩留まりも上がる。そのことを現場の人たちに教わりました」

こうしたことが現場主義につながる原体験となった。

2022年3月、竹増は地域密着型の店づくりを推進するために、近畿と北海道を先行地区としてエリアカンパニー制度を導入した。一店一店がより地域のお客に最適な商品・サービスを提供すべく体制改革に乗り出したのだ。

現場主義を重視する竹増経営の進化である。

加盟店の笑顔につながるかにこだわり続ける

企業改革を成功させている経営者に共通するのは、「本気」を伝えていることだ。自分の理念や方向性を組織に浸透させるために、自分の言葉で繰り返し語り続けている。社員の反応は1、2回では「また言っている」、4、5回では「重要らしい」、10回以上でやっと本気が伝わるということを肝に銘じている。愚直に自分のビジョンや思いを何度も自分の言葉で伝え続けることが本気を伝える唯一の方法なのである。

しかし、それだけでは十分伝わらない。２つ目の条件は言行を一致させることだ。すなわち、自分の言葉で表現した理念や方向性通りの会社運営をしっかり実行することである。言行不一致は社員が「本気」を信じなくなり、経営者と社員の間の信頼関係が壊れてしまうからだ。

竹増貞信による企業改革はどうか。グループ理念「私たちは〝みんなと暮らすマチ〟を幸せにします」の実現に向け、社長就任以来、店内キッチンで調理する「まちかど厨房」店舗の拡大、「すべてのお客さまレコメンドNo.1」の実現、「ローソングループ大変革実行委員会」の設置、同委員会での「店舗理想形追求プロジェクト」による大規模店舗改装の実施、エリアカンパニー制度の導入など、全社一丸となって商品・サービスの価値向上とイノベーションによる新価値・新需要を創造すべく改革に取り組んでいる。

そんな〝竹増改革〟の根底にあるのは、「顧客第一主義」の徹底に加え、商品・サービスを直接顧客に提供する加盟店を最も大事なパートナーと捉える〝加盟店最重視〟の考えだ。

竹増は常に加盟店の立場に立った店舗運営を心掛けている。店舗が活気づく最大要因は加盟店のオーナーや店長、従業員たちの〝働き甲斐《がい》〟にあるからである。竹増がコンビニ事業はオーナーの人間性が競争優位の源泉となる「ピープルビジネス」と呼ぶゆえんだ。竹増は言う。

「われわれは、どんな販売施策を打ち出すにしても、それが加盟店さんの笑顔につながっているかどうかに、こだわり続けています」

それだけに竹増は腹をくくって加盟店に寄り添う。そのエピソードは枚挙にいとまがない。一例を挙げる。

竹増は2019年、「トイレ清潔大作戦」を掲げ、「笑顔の接客とトイレ清掃を頑張りましょう」と宣言すると、店回りの際には必ず自らトイレ清掃を実行した。店に入り、挨拶するとすぐに道具一式を持ってトイレ清掃を行う。それを竹増は1年間やり続けた。その率先垂範する姿を目の当たりにした従業員たちはトイレ清掃に対する意識が変わり、自主的に行うようになった。

さらに、竹増は自然災害発生時には、直ちに現地へ駆けつけ、被災地の店舗をサポートする。例えば2018年――。2月の福井県を襲った大雪のときには2回現地に入り、15店舗を巡回。6月の大阪府北部地震の折には15店舗、7月の西日本豪雨発生時には約30店舗、9月の北海道胆振《いぶり》東部地震の際には20店舗を回り、支援している。

ここで見逃せないのは、竹増は被災地を回ったときでも、加盟店が相互に助け合う「互助精神」を発揮しているかを確認していることだ。福井の大雪の折、竹増が雪をかき分けて店に入ると、「フライドフーズ」を拵《こしら》えている人がいた。岐阜県から駆け付けてきたというオーナーは、「こういうときはお互いさま」と言い切った。竹増は加盟店同士の絆の強さを確信した。

また、竹増は「本部は加盟店に寄り添う」というメッセージを伝え続けている。典型例は、新型コロナウイルス感染の拡大で緊急事態宣言が発令された２０２０年4月、竹増が出した「加盟店の生活は本部が責任を持つから安心してください」という〝宣言〟だ。以来2年間、竹増は毎月１回以上、店舗のコンピュータにビデオメッセージで繰り返し配信し続けた。

こうした竹増の〝加盟店大事〟の思いは加盟店に伝わり、竹増改革への協力という形で返ってくる。その好例がコロナ禍で一斉休校となり給食がなくなったときの全国学童保育施設へのおにぎりの無償提供だ。

コロナ感染が始まった２０２０年3月、突然の休校で昼食に困る学童保育施設があるという問題がメディアで報じられた。すると社員からおにぎりを無償配布する案が上がった。本部は学童保育施設を募集し、おにぎりを届ける準備を始める。その折、オーナー福祉会の理事長が竹増に「俺たちにもやらせてほしい」と言ってきた。その後理事長からの声かけがあり、おにぎりの配布は全国の店に広がる。その結果、３日間で全国約７０００カ所の学童保育施設に合計58万個超のおにぎりを無償で配ることができた。加盟店の協力による成果である。

これまでセルフレジ、スマホレジ導入など、加盟店の経営支援に力を注いできた竹増は、２０２０年度には、低利益店の店舗には1年間限定で月４万円の支援を行うなど加盟店の利益の向上に腐心する。加盟店の働き甲斐の向上は、グループ理念実現のために不可欠な条件であるからだ。

仕事の本質は何か、自分の役割は何かを追求する

私は拙著『「使命感」が人を動かす』（集英社インターナショナル）で、変革の時代においては、企業を成長させている経営者には、傍流体験を有する人が多いと書いた。海外や子会社、周辺の部署で苦労した人、あるいは転職した人……。これらの人は既存の事業に対し、しがらみがないため、思い切った決断ができるという面がある。

また、外から客観的に会社を眺めているため、会社の事実を冷静に認識し、不合理な点をよく見出せる。主流を歩み、順調に出世してきた人よりは改革を成功させている事例が多い。

竹増貞信は、三菱商事から来た正真正銘の〝傍流組〟である。

「夕夜間」の品揃え強化、「ローソン銀行」設立、「すべてのお客さまレコメンド№１」への挑戦、「ローソングループ大変革実行委員会」設置、「店舗理想形追求プロジェクト」で４３００店舗改装、食品配達サービスの拡大、中国事業の拡大、エリアカンパニー制度の導入……。傍流組だからこそ実現した実績である。成果は、社長就任以降コロナ禍の２０２０年度以外は増収という結果に表れている。

２０１４年5月、三菱商事からローソン副社長に転身した竹増は、「自らの使命はローソンの企業価値を高めることにある」と決意。ローソンを持続的成長を遂げる企業にしていくことが自分の使命だと決心したのだ。それだけに、着任する前から積極的に店舗を回った。同時に、創業者・中内㓛（ダイエー創業者）の経営哲学はもちろん、経営手法から事業内容、コンビニエンスストア市場の変遷、社会環境の変化によるコンビニ業界の課題に至るまで熱心に勉強した。

竹増が感動したのは、中内の作った創業時のスローガン「マチのほっとステーション」と、阪神・淡路大震災など自然災害発生直後の全社挙げての復旧活動がローソンのＤＮＡとして継承されていることだった。被災地には社長自ら回り、加盟店の復旧を支援する。そしてどんな災害が起ころうとも、「灯りを消すな」というルールの周知徹底が全国の店舗で図られていた。

竹増は副社長に就任すると、「ローソンストア１００」の再構築に取り組んだ。当時約１２００店舗を展開していたストア100は、東北、九州から撤退し、関東、東海、近畿地方に集中させた。撤退する店は直営店が多く、ローソンやナチュラルローソンなど他の店舗業態に転換させたりした。竹増は店舗戦略よりも、経営資源の集中を選択したのである。

次に竹増が手掛けたのは、高級スーパー「成城石井」の買収だった。三菱商事グループと水面下で話し合い、買収額、条件など調整を行ったうえでローソン社長の玉塚元一の了解を得た。

当時、成城石井は、コンプライアンス（法令遵守）と製造管理部門に課題を抱えていた。竹増は人を送り込むなど直ちに改善に着手した。そうした結果、成城石井は業績がさらに向上し、今ではローソングループの優良企業に成長している。

竹増の特徴は常に仕事の本質は何か、自分の役割は何かという「Ｗｈａｔ」に対する答えを追求してきた点にある。もう1つは異業種の人や立場の異なる人など、誰とでもコミュニケーションできる誠実な人柄と人間力を持っていることだ。

特筆すべきは、いったん自分の役割を理解し、目標を定めると、達成するまであきらめず、粘り強く続けることにある。

三菱商事に入社後配属された畜産部では、最初は牛肉担当チーム、次に豚肉担当チームに所属し、その後は米国の豚肉処理・加工品製造会社へ出向した。

最初の挑戦は、オーストラリアに残っている牛肉を1年間で売り切ることだった。前項で触れたように、流通業界には頼るコネもツテもない竹増は一計を案じ、スーパーの店頭で牛肉の試食販売を実践し販路を切りひらいた。結果、目標は達成する。

もう1つ、商社時代に学んだのは現場の生情報を肌で感じ取ることの大切さだった。豚肉担当チームの利益目標を達成するため、毎朝早く肉の加工センターへ通い続け、現場の従業員から脂をそぎ落とさずに売れば歩留まりが上がると教わった。それを実行すると豚肉の販売は伸びた。

さらに、２００２年6月から約3年間出向した米国の豚肉処理・加工品製造会社インディアナ・パッカーズでは社長補佐兼輸出マネージャーとして品質強化を行い、日本を含め北米向け輸出拡大を図ることに精力を注いだ。

工場は指揮命令系統が明確であるだけに、竹増の言うことは論理的に正しいと工場長、現場のライン長、スタッフ部門長が納得しないと仕事が進まない。そこで竹増はまず、信頼を生み出す人間関係づくりに力を入れた。現場に入って自分で数字をとってラインに確認したり、夏は夕方から皆と一緒にゴルフに行くなど、従業員たちと緊密なコミュニケーションをとることに腐心した。このとき竹増は異文化を受容する多様性の必要性を体得した。

そうした竹増は傍流組視点で経営改革を継続する。

加盟店起点で考え何事もあきらめない

私は成功する企業経営者には「幸運思考」があると考えている。「運」というのは、「私は運が良い」と思う人につき、「運が悪い」と思う人にはつかないようだ。現に、成功する経営者の多くが「自分は運に恵まれた」と語っている。

彼らに共通するのは、逆境でも「運が良い」と思えることだ。人は誰しも同じような体験をし、同じような経験をする。それに対して「運が良かった」と思えるような人が成功している。どんな辛い経験をも、学習であり、自己鍛錬であり、試練だと思える。そんな「幸運思考」の人が「成功者」になっているようだ。

三菱商事出身で、ローソンの社長に上り詰めた竹増貞信も、「幸運思考」の持ち主だ。大学卒業後、志望する総合商社最大手の三菱商事に入社できたことに始まり、畜産部を振り出しに、米国豚肉処理・加工品製造会社出向、広報部、経営企画部社長業務秘書を歴任し、ローソンへ転出。同社副社長を経て経営を任されたことに至るまでずっと運に恵まれてきたと考えている。

竹増が、何事もあきらめないのも、粘り強いのも、学び心が旺盛なのも、基本的に「幸運思考」であるからだ。とりわけ、重要なのは、「仕事は全て勉強」「会う人、全て勉強」と思えること、すなわち学び心が旺盛なことだ。その点、竹増自身、「学び取る人」を地で行くようなビジネス人生を送っている。

まず、入社後９年間携わった畜産部では、上司の豚肉チームリーダーから「やりたいことがあれば１００万回言い続ける」ことを教わった。当時、リーダーはビジネスモデルを問屋に卸すビジネスからスーパーマーケットや外食へ直接売るビジネスに切り換えると宣言。小売り以外への販売を禁止し、「〝選択と集中〟で、小売りに直接売っていく」と何度も繰り返し語り続け、スーパーへの販売拡大の指揮を執った。結果、三菱商事の豚肉の販売高は商社中トップクラスになった。現在、竹増が「加盟店起点で考える」「すべてのお客さまレコメンド№.１を実現する」など同じことを何度も繰り返し語っているのは、そのときの上司の教えに学んだからである。

また、２００５年から５年間携わった広報部時代には、会社の存続のためには社会との恒常的対話が重要であることを学習した。その社会の代表が社会を指導し世論を導くメディアであることも実感した。

実は、広報部に異動した当初、現場で学んで営業につなげていくバリューチェーン（価値連鎖）の中で生きてきた自分は、もはや営業に必要とされない人間なんだと愕然《がくぜん》としていた。

このときは竹増といえども、いったんは腐った。しかし、やがて「ここで自分を鍛えよう」と考え直す。会社は社会からどう見られているのか。社会の常識をメディアとの対話を通して学び、会社経営に生かしていくことの大切さを理解し始めると、非常に有益な経験をさせてもらっていると感じるようになった。竹増にとって報道チームと、ブランドコミュニケーションチームの２つのチームリーダーを経験したことは、会社の存在意義、コンプライアンス、ブランドなど、経営問題について考える機会となった。竹増が「転機は客観的に会社を眺めることの大切さを学んだ広報部時代にある」と言い切るゆえんだ。

さらに、竹増は２０１０年から４年間務めた経営企画部社長業務秘書のとき、社長の小林健（元会長）から多くのことを学ぶ。秘書として小林に付き従って行動する中で見たのは、新入社員と居酒屋で食事をしたときでも、各国の国家元首に会った折でも、常に飾らず、自然体で意見交換する姿だった。中でも竹増の印象に強く残っているのは中東の威厳ある宮殿で、権勢を誇る国王に会ったときのことだ。小林は緊張したそぶりをみじんも見せず、自分の言葉で文化、芸術のことなどいろいろ話をした。竹増が帰りの車中で、「なぜ、緊張しないんですか」と尋ねると、「同じ人間だからね」と答えた。どんな人と会うときでも飾らずに、自然体でいる小林を間近で見てきて、胆力と見識の深さ、度量の大きさを感じ取った。以降、小林を理想の企業リーダーの手本とした。

では、竹増の幸運思考はどうやって培われてきたのか――。

竹増は大阪府池田市に兄二人と妹の４人きょうだいの３番目に生まれる。父は小さな繊維商社を営んでいた。海外で仕事をする父はかっこよく、あこがれの人であった。竹増の「夢」「志」は父の生き方が原点だった。

高校・大学のアメリカンフットボール部で大活躍する長兄や、兄弟の中で最も勉強ができた次兄に負けまいと、竹増は高校ではラグビー部、大学ではゴルフ部で活躍する一方、勉強も一生懸命努力した。その結果、大阪教育大学付属中高、大阪大学を出て、総合商社最強の三菱商事に就職する。何事もあきらめず、挫けないでやり続ければ「夢」は必ず実現すると確信した。

そんな竹増が今後ローソンをどう成長させていくか、注目したい。

第4章　持続的成長へのイノベーション

三井住友海上社長　船曳真一郎

お客さまの役に立つことは何かの問題意識を持つ

企業を持続的に成長させるためには、理念を守りつつ改革し続けなければならない。昨日と同じではいけない。事業の本質まで立ち戻って、時代環境の変化を踏まえて過去の自分を否定し、過去の成功体験を否定し、過去の会社の在《あ》り方を否定する。変化するビジネスシーンにおいて、変わり続けない限り、持続はできない。それはつまり、過去、常識、慣習を覆し、イノベーションを継続して行うことに他ならない。それができる人材こそ経営者であると私は考える。

その点、船曳《ふなびき》真一郎《しんいちろう》（62）はどうか。中期経営計画で掲げた目指す姿「未来にわたって、世界のリスク・課題の解決でリーダーシップを発揮するイノベーション企業」の実現に向け、新しい商品・サービスを次々と投入している。

２０２１年（令和３年）４月、船曳は社長に就任すると、火災事故発生時、現状復旧費用に加えてCO_2削減につながる設備の設置を後押しする「カーボンニュートラルサポート特約（脱炭素化対策費用補償特約）」を販売、また水災時に行った損害調査情報を自治体に提供し、罹災証明書の早期発行を支援する「被災者生活再建支援サポート」を提供、さらに３６０度撮影機能を搭載したドライブレコーダーを契約者に貸与する「見守るクルマの保険（プレミアムドラレコ型）」、中小企業向け地震保険「震度インデックス型定額払商品」など次々と新商品を販売する。

入社以来、主に法人営業部門を歩んでき

船曳　真一郎（ふなびき　しんいちろう）
1960年、東京都生まれ。神戸大学経営学部卒業後、1983年に住友海上（現・三井住友海上）に入社。営業企画部長、執行役員経営企画部長、MS&ADインシュアランスグループHD・CDOなどを経て、2021年に取締役社長に就任。「世界のリスク・課題の解決でリーダーシップを発揮するイノベーション企業」の実現に向け、社会と自社のサステナビリティを同時実現するサステナビリティ・トランスフォーメーション（SX）を進める。

た船曳は、過去のやり方や慣例を無批判に受け入れることなく、随所で新しいことを考え、実行に移してきた。

最初に船曳が企業保険の常識を覆したのは、入社後配属された大阪営業第二部のときだ。新人でありながら次々と新しい商品・サービスアイデアを発案し、商品化して成約している。船曳はどうやって新商品を成約に漕ぎつけたのか。

まず、船曳が担当する企業を頻繁《ひんぱん》に回り、企業の担当者と信頼関係を構築することから始める。同時に、顧客に近い代理店にも足しげく通い、顧客情報の収集に励んだ。担当者から信頼を得ると、会社の抱える課題や自分の仕事上の悩みなどを聞くことができるようになる。常に「お客さまの役に立つことは何か」という問題意識を持っていた船曳は、顧客起点で課題を解決する制度を作り、顧客に喜ばれることにやり甲斐《がい》を感じた。

具体例を挙げる――。ビデオレンタル会社から「壊れて返却される商品が続出して困っている」と相談を受けるとレンタルビデオを補償する制度を作り、保険で引き受けた。この損保初のレンタル品補償制度は他の損保会社も一斉に追随した。

また、レンタル建設機械そのものの損害や借り手のオペレーションミス、故障や不具合が生じて正常に稼働しなかった場合、レンタル機械に関するリスクを総合的に補償する保険プログラムをつくった。これによりレンタル産業の補償保険市場を広げるという業績を残している。

こうして舩曳はわずか入社４年目で、優秀な営業マンとして頭角を現すのである。

そんな「夢」や「感動」を求めて生き生きと仕事をする舩曳に上司の課長は何も言わなかった。自分の目標を自分で決める自由と自律性を与えられると、働き甲斐は高まる。舩曳流マネジメントの発想の原点となった。

その後も、２０００年（平成12年）４月、開発営業部テレコミュニケーションズ開発チーム課長に就くと、システム会社が設計ミスなどにより発注者に損害を与えた場合や、契約額が超過したときに補償する保険プログラムを生み出した。テレコミュニケーションズ開発チームでは初の保険だった。

特筆すべきは、２０１７年から務めた専務執行役員兼ＭＳ＆ＡＤインシュアランスグループホールディングス執行役員、ＣＩＯ（最高情報責任者）、ＣＤＯ（最高デジタル責任者）のとき、イノベーションを強力に推進したことだ。最初の2年間はデジタルを使ってプロセス改革を推進し、後半の２年間はデジタライゼーションプロジェクトを立ち上げ、マーケットニーズに応えられるシステム開発を行った。

もともと同社は代理店向けシステム「ＭＳ１」を活用していたが、顧客管理徹底の必要性を訴えていた舩曳は、顧客体験価値（満足感や喜びなどの感情や経験の価値）を向上させるためにはＡＩ（人工知能）を搭載しなければならないと考えた。

そこで２０２０年、代理店の仕事をＡＩがサポートする業界初の仕組み「ＭＳ１ブレイン」をつくり、21年には「ＭＳ１ブレインリモート」を生み出したのだ。

この間、イノベーションを起こす環境を創出するため、２０１９年にシンガポールと東京にオープンイノベーションの推進拠点を開設する。一方、社員がデジタルを活用することで課題解決につながるアイデアを募集するコンテスト「デジタルイノベーションチャレンジプログラム」を毎年開催するなど、社員の創造性を促す改革に取り組んでいる。

イノベーションへの飽くなき挑戦は「舩曳改革」の肝になっている。

やりたいようにやれ。やり方は自分で考えろ

私は、拙著『続く会社、続かない会社は№２で決まる』（講談社+α新書）で、会社を変えるのは「№２」であると書いた。私の言う№２とは役職やポジションの「２番目」ではない。専務かもしれないし、課長かもしれない。企業を変え、成長させる主役である。トップに意見を具申する参謀であり、ビジョンの具現化を補佐する役割を担う。また、トップと現場の間をつなぎ、社員のモチベーシ

ヨンを高め、自由闊達《かったつ》な企業風土に変えていく世話役でもある。

私は、「No.２」の活躍によって業績を伸ばした企業、再建を果たした企業を多数見てきた。No.２の有無が企業の明暗を分けることは、〝歴史〟が証明している。

舩曳真一郎が経営者として目指すのは、「社員一人ひとりの力を生かせる会社」にすることだ。社員一人ひとりが自分の頭で新しいアイデアを考え、具現化することが当然の価値観として共有される企業風土づくりに腐心し続けている。

社長になる前の２０１９年からグループ社員を対象にデジタル化推進のためのアイデアを募集する「デジタルイノベーションチャレンジプログラム」、「サステナビリティコンテスト」を毎年実施。新しいアイデアを募集し、その中から最優秀賞案件を選び、商品化を追求している。現にそこから道路のメンテナンスを支援するドラレコ・ロードマネージャーや、牛の行動モニタリングシステムに保険を付帯した「牛の診療費補償サービス」などの新事業が誕生している。

こうして舩曳は社員の起業家マインドを醸成し、社員一人ひとりが主役になる「全員参加の経営」を目指す。まさにイノベーション・マインドを鼓舞する「No.２」づくりである。

舩曳自身入社以来、随所でNo.２シップを発揮している。その特徴は、自ら率先して新しいアイデアを発案し実現する手本を示しながら、組織風土に革新マインドを醸成してきた点にある。

最初に№2的役割を果たすのは、１９８６年から10年間務めた本店営業第三部のときだ。

船曳は20代後半から、住友海上（当時）と取り引きのない企業との信頼関係を築き、それら企業の課題を解決すべく新しい保険を次々と提供してきた。

例えば、建設機械レンタル会社向け「レンタル総合補償保険」。船曳は従来型では補償できない間接的な損害による賠償責任まで補償する新しい保険を作り、提供した。この保険は業界で注目され、市場の開拓に貢献する。

さらに船曳は、建機関連大手企業と巨額の自動車保険（フリート）契約を獲得している。対象自動車は数万台、保険料は数億円。その際船曳は、商品・サービス力を強化するため、損害サービス、システム、商品部門など関係各部門による万全な支援体制を作り上げて提案し、契約に漕《こ》ぎつけている。「社長賞」を受賞した船曳の名前は社内に轟《とどろ》いた。

さらに船曳が№２役を果たしたのは、２０００年に就いた開発営業部テレコミュニケーションズ開発チーム課長時代だ。当時、船曳はリスクを保険化するというコンセプトを持ち始め、リスクをチャンスに転化することに心を砕いた。その成果が、金融機関にシステム障害が生じた際、システム会社が負担する開発設計のやり直し費用や修理費などを補填《ほてん》する「バグ補償保険」（約定履行補償保険）

の開発だ。Ｗｉｎｄｏｗｓやインターネットが普及し始めた頃だっただけに、新しいリスク対応への迅速な取り組みは業界に大きな影響を与えた。

舩曵が№２シップをフルに発揮したのは、２００８年から2年間務めた埼玉西支店長の折だ。当時、埼玉西支店は全国１３０支店中、予算規模ランクは下方に位置していた。それが舩曵の支店長在任２年間で、トップ10入りする。舩曵は何をしたのか。

まず、社員一人ひとりが自らの能力と適性に基づいて生き生きと働く職場環境を作ろうとした。舩曵が部下となる7人の支社長に伝えるのは業績目標値だけ。運営や施策は支社長に任せた。口癖は「やりたいようにやれ。やり方は自分で考えろ」だった。

さらに業務の進捗《しんちょく》状況を1週間単位で報告する「週報」も、従来は総合職だけが書いていたが、一般職を含めた全社員に書かせるようにした。そのうえ、舩曵は全社員の週報に目を通し、一人ひとりに返事を書き、社員たちを驚かせた。

また、舩曵は男性社員と女性社員で分かれていた職制を一本化した。ダイバーシティ（多様性）の先駆けを行ったのである。

そして舩曵は顧客に近い代理店との信頼関係を大事にした。支店長が代理店に赴く際は支社長を帯同するのが慣例だったが、舩曵は自分1人で出かけた。代理店の実情を把握すると同時に、現場の生の情報を聞くためでもある。代理店の士気は高まった。

結果、職場は活気が溢《あふ》れ、社員は生き生きと仕事するようになった。舩曳はリーダーとしての真骨頂を発揮したのである。

その後舩曳は、営業企画部長、執行役員経営企画部長、取締役専務執行役員などを歴任し、柄澤康喜（前会長）、原典之（会長）の歴代社長を補佐する。

アイデア募集の核はデジタルを考える動機付け

成長する企業の経営者は、好不況にかかわらず、成果の良し悪しにもかかわらず、常に危機感を抱いている。その危機感はもちろん、目先の業績の良し悪しというような小さなものではない。先の見えない、「カオス（混沌《こんとん》）」時代の今、根本的な産業構造の大転換に放り込まれ、答えがない中で、次なるビジネススタンダードでは自社の存続が根本から危うくなる可能性を間近に感じての危機感だ。今期を乗り切るのではなく、5年後、10年後、自社がマーケットから退場させられる事態を回避し、存続するためには何が必要か、見つめるのはその一点だ。そんな大きな問題意識を抱きながら今日という1日のマネジメントに挑み続ける。

舩曳真一郎は現在、2025年度に目指す姿「世界のリスク・課題の解決でリーダーシップを発揮するイノベーション企業」の実現に向け、社を挙げて社会課題解決力の強化に取り組んでいる。その背景には、われわれは今、かつてないほど変化が速く、不確実性の高い事業環境に直面している。加速する変化に対応した持続的イノベーションを行い、新たな方向性を見出していかなければ企業は存続しない、という強い危機感がある。

それだけに舩曳は、社員一人ひとりが力を発揮できる企業風土の醸成に力を注ぐ。それは社員一丸となってアイデアコンテストを実施し、その中から実現候補案件を選定し、商品化していることからも頷《うなず》ける。

コンテストは2つある。1つは舩曳が社長になる前の2019年に始めたデジタル化推進のためのアイデアを募集する「デジタルイノベーションチャレンジプログラム」。応募数は2019年1200件、20年2800件、21年1500件にのぼる。実現候補案件に選定されたアイデアはビジネスモデルの具体化、実用化に向けた実証実験等の検証、スタートアップ協業支援、事業化に向けて検討される。

もう1つは、同時期に始めた「サステナビリティコンテスト」。毎年下半期に最優秀賞案件を選定する。

現在、同社が販売している「カーボンニュートラルサポート特約」、「被災者生活再建支援サポート」、全国の自治体に道路のメンテナンスを支援する「ドラレコ・ロードマネージャー」、「牛の診療費補償サービス」などの商品・サービスはこれらのコンテストから生まれたものだ。

こうしたコンテストの狙いは何か。船曳は、「アイデアを募集すること自体にあるのではなく、ゴールを設定することにより、デジタルを考えようという動機付けの向上にある」。社員たちが「企業は創意工夫をすること、進歩することが大事」という価値観を共有することを期待する。

とりわけ船曳が心を砕いているのは「多様性の推進」だ。

一例がコンテストの審査員に外部の有識者を招き、外部審査チームを組成していることだ。船曳がその理由を語る。

「私は、審査は同じ会社の価値観で選別する当社の人ではなく、ウチを知らない、保険業界を知らない外部の人に任せたほうが新たな気付きが得られると考えたのです。例えばドライブレコーダー。外の人から見ると、保険会社はドラレコを売って、道路データを収集し蓄積している。ならばそのデータをロードメンテナンスに活用すれば新しいサービスを提供できるという発想が生まれたりするわけです」

さらに船曳はＩＴ部門で外部の人間を積極的に登用する。現在、ビジネスデザイン部やＩＴ推進部では部員の半分が製造会社など外部から採用した人たちだ。

舩曳の危機感からくるイノベーションの推進は、いま始まったわけではない。専務執行役員兼ＭＳ＆ＡＤインシュアランスグループ執行役員、ＣＤＯ（最高デジタル責任者）のときから、自己の存在を懸けてデジタル化を先導している。

当初舩曳は、デジタル活用により生産性の向上を図る業務プロセス改革に取り組んだ。法人営業で幅広い異業種の人的ネットワークを構築していた舩曳は、損保業界のデジタル化の遅れに危機感を持っていた。

次に着手したのは新たなマーケットを創出すべくＡＩ（人工知能）を活用した代理店システム「ＭＳ１ブレイン」の開発。開発コンセプトの根底には、「このままでは今後、われわれは競争力のある会社でいられなくなる」という危機感があった。

ではどういうＡＩを搭載すれば顧客のニーズに対応した保険商品・サービスを提供できるか。舩曳は米国シリコンバレーに何度も出かけ、自ら導入すべきＡＩを探し求めた。「ＭＳ１ブレイン」の開発はその成果である。

さらに、２０２１年2月には顧客と代理店がやりとりできる「ＭＳ１ブレインリモート」を投入した。「リモート」はコロナ禍で大いに機能を発揮している。

今後、「より一層の顧客目線のマーケティングが不可欠」と言い切る船曳が主導するイノベーションの推進から目が離せない。

一人ひとりが生き生きと仕事をする会社でなければ存続しない

いつも言うように、私は成功する企業経営者には「幸運思考」があると考えている。「運」というのは、「私は運が良い」と思う人につき、「運が悪い」と思う人にはつかないようだ。現に、成功する経営者の多くが「自分は運に恵まれた」と語っている。

彼らに共通するのは、逆境でも「運が良い」と思えることだ。人は誰しも同じような体験をし、同じような経験をする。それに対して「運が良かった」と思えるような人が成功している。どんな辛い経験をも、学習であり、自己鍛錬であり、試練だと思える。そんな「幸運思考」の人が「成功者」になっているようだ。

船曳真一郎も、「私は運に恵まれている」と語る。神戸大学経営学部を卒業し、住友海上（当時）に入社できたことに始まり、大阪営業第二部を振り出しに本店営業第三部、自動車保険部部長、埼玉西支店長、営業企画部長、執行役員経営企画部長、常務執行役員東京企業営業第一本部長などを歴任し、三井住友海上の経営を任されたことに至るまでずっと運に恵まれたと考えている。船曳が何事もあきらめないのも、粘り強いのも、学び心が旺盛なのも、基本的に「幸運思考」であるからだ。

まず、入社後配属された大阪営業第二部では、法人営業に携わり、「営業とは人と人のつながりと信頼関係の構築がすべて」ということを体得する。

船曳はあるゼネコン大阪支店の保険の発注を仕切っていた担当者に近づこうとするが、取り引きがないからという理由で相手にされなかった。しかし、あきらめず、訪問し続けると、担当者は胸襟を開く。信頼を得ると、「建設工事保険」などの新規契約が獲れた。そのゼネコン大阪支店との初の成約だった。粘った結果である。

また、船曳が「人と人の付き合いを大切にする会社ほど競争力が強い」ことを肌で感じたのは、入社２年目のときだ。

自ら担当するある大手建設会社の役員の訃報を知らされた船曳は、会社としてどう対応すべきか迷った末、勇気を出して社長に通夜に参列してもらうよう秘書に頼んだ。社長はつかまらなかったため、沖縄に出張中の営業本部長に参列してもらうべく手はずを整えた。営業本部長は大阪空港に到着するや大阪市内の葬儀場へ急行。葬儀場では建設会社の社員たちが駆け寄り案内した。営業本部長は帰りがけに、船曳の上司の部長に「よくやった」と褒めた。その後、当該建設会社からの保険受注は増えた。その折船曳は、「顧客第一」の大切さを学んだ。

さらに、船曳が学んだのは、仕事を任せられることほどやり甲斐が高まることはないということだった。

船曳は新人のときから自分の頭で考えて判断し、行動した。自分が発案し提供したサービスに顧客が満足してくれることほど楽しいことはない。船曳は言う。「課長は任せてくれた。それだけに自分で考えてやらなければならない。おかげで〝やらされ感〟がなく、挑戦し甲斐があった」

船曳の、「社員一人ひとりが生き生きと仕事をする会社でなければ存続しない」という「企業観」はこのときに生まれた。

また、船曳は目標を立てると、挫《くじ》けずに成功するまでやり抜く。

本店営業第三部のとき、事業家の社長が経営する大型代理店で、企画提案型入札が実施された。船曳はその代理店の保険シェアを拡大するため、社長の自宅を夜討ち朝駆けして自社の姿勢をアピールした。ところが、社長は「君の話は自分の会社の既得権益を守ることばかりだ」。船曳は自分勝手な〝顧客第一主義〟になっていたと反省した。

そこで船曳は新たに社長が事業を始めたばかりの少額短期保険会社向けのコンサルタント会社への

出資を提案する。社長から高い評価を得、名誉挽回した。

ところが、再び窮状に陥る。この投資案件が社内から大反対を受けるのだ。船曳が社内の根回しをしなかったためである。財務担当役員と財務部長からは「退職金を担保に入れる覚悟があるのか」とまで問われた。

そんな四面楚歌《そか》の中、「これからは保険の自由化が進んだときに備えて、あらゆる選択肢を排除しないほうがよい」とコメントして稟議《りんぎ》を通すことができるよう財務課長が協力してくれた。このときほど、人の情けを感じたことはなかった。同時に船曳は、この財務課長のように上司の顔を忖度《そんたく》せず、自分の考えを堂々と述べることができるような人間になろうと心の中で誓った。自分は運がいいと思った。

その後、船曳は緊密なコミュニケーションの大切さを痛感する。

２００６年の保険金不払い問題発生時、船曳は自動車保険部次長（商品企画チーム長）として全国の営業、保険金払い部門との対話会を開催した。その際、多くの社員から不満の声が上がり、苦言が呈された。それに対して、船曳はいちいち反論して会社の過去の判断の必然性を繰り返し説明した。しかし、社員は納得せず、対話会は大不評を招いた。そのとき学習したのは緊密な対話の重要性だ。以来、船曳は人の声をよく聴いて仕事をするよう心掛けるのだ。

自分のやりたいことをやれ、自分の夢を追い求めろ

組織というのは、つくられたときが最も新鮮で、効率よく機能する。ところが、1年、2年と時間が経って実績ができ、組織が大きくなれば、どんな組織も必ず私の言う「機能不全病」にかかってしまう。それは「大企業病」、「マンネリ化」と言い換えてもいい。

それが続くと、組織は弱体化し、やがては壊疽《えそ》になったようになり、死に向かっていく。要因としては、便宜上作られた制度そのものが主役となってしまい、社員を縛りつけ自由な活動を阻害し制度の奴隷にしてしまう「過度の制度化」、本社の求心力が強まり過ぎて現場が委縮し、本社の意向ばかりうかがうようになってしまう「過剰なマネジメント」、「意見はあっても意思はなし」の評論家や体裁ばかりの「形式主義」の蔓延《まんえん》などが挙げられる。

また、症状としてはヒラメ社員の誕生、自己保身に走る社員の増加、イエスマンの跋扈《ばっこ》、セクショナリズムや前例主義、権威主義の横行……などがある。組織が存続する限り、トップの「機能不全病」との戦いは続く。

その点、舩曳真一郎はどうか。中期経営計画で掲げた目指す姿「未来にわたって、世界のリスク・

課題の解決でリーダーシップを発揮するイノベーション企業」を目指し、自社と社会のサステナビリティ（持続可能性）を同時実現する「サステナビリティ・トランスフォーメーション」を推進している。

すなわち舩曳は「イノベーション企業化」の実現に社を挙げて取り組むことにより、同時進行で「機能不全病」の要因となる企業風土の抜本的改革を進めることができると確信している。そういう意味で、舩曳流ビジョン実現への追求はまさに、「社員一人ひとり」と「会社」を創り変える（＝機能不全病克服）プロセスでもあると言っても過言ではない。

前項にも述べたが、舩曳のイノベーションへのこだわりは今始まったわけではない。２０１８年にはグループＣＤＯとしてデジタル化に着手し、19年からはデジタル化推進のためのアイデアを募集する「デジタルイノベーションチャレンジプログラム」と、「サステナビリティコンテスト」を開催。社員一人ひとりが新しいビジネスモデルを考えたり、社会的課題の解決に取り組むことができるような仕組みをつくっている。

社長就任後はさらなるイノベーションを生み出すため、「多様性」を実現する改革を行う。まず女性副支店長・副部長ポストを新設し、女性社員を積極的に登用。また、「スペシャリスト社員」を新設し、外国籍の社員や外部人材・専門人材の登用を進めている。

さらに、船曳は人事制度の改革にも着手する。社員にモチベーションを高め、やり甲斐を持って働いてもらうため、職務に応じて適切な人材を雇用する「ジョブ型雇用」の勤務体系を導入。例えば、マーケティングのデータ分析業務などのポストをつくり、若手社員にも責任のある役割を担ってもらう。加えて、新たな価値を素早く継続的に提供できる「アジャイル型組織」や副業の活用など、イノベーションを生み出すことにつながる人事制度を取り入れている。

特筆すべきは、船曳が社員の自律性と起業家精神を醸成すべく企業文化への変革を打ち出していることだ。それは業務指針①ルールやマニュアルを極力少なくする、②チャレンジによる失敗は咎《とが》めない、③マイクロマネジメント（部下の行動を事細かに管理する）をしない、④若手に積極的に仕事をさせる、⑤ドレスコード（服装規定）は自由――に明示している。

船曳語録のキーワードは「仕事は社員に任せる」である。これは船曳が若い頃、上司に任されたため、自発的に仕事ができて楽しかったという自らの体験から生まれた確信だ。

それゆえに船曳自身も、管理職、役員へと昇格するたびに、部下への干渉は最小限にとどめることを心掛けた。部下とは会社の価値観や目標は共有するが、目標達成の手段や、やり方については一切口を出さなかった。

例えば、埼玉西支店長時代。部下の支社長は7人いたが、各自に自主的な行動を奨励した。そのうえ、「本社から指示してくる細かいルールや規定などに縛られるな。自分のやりたいことをやれ」と発破をかけた。

「自分の夢を追い求めろ」。そうした舩曵流はその後も一貫した。グループＣＤＯ時代でも、デジタル化の目標や方向性は打ち出すが、仕事の進め方、手法、課題克服への対応は各担当者たちに任せた。その成果が画期的な代理店システム「ＭＳ１ブレイン」、「ＭＳ１ブレインリモート」の誕生である。

そんな〝舩曵流任せ方〟にも、１つだけ条件がある。「何がしたいのか」。夢や志、目的が明確であることだ。それを伝えられない社員には任せない。

舩曵は「社員の自発性に任せる」という企業風土の醸成に挑戦する。

競争力を高める唯一の方法は持てる力を発揮する企業風土づくり

成功する企業の経営トップには「夢」や「志」、あるいは「使命感」がある。では、使命感を行動に表すには何が必要か。また、「夢」を実現する強い意思とは何か。それは「胆力」、言い換えれば「覚悟」に他ならない。胆力がなければ、使命感を行動に移すことも、意思を貫き通すこともできない。

ビジョンや目標は、誰でも描ける。しかし、それを実現すべく実行となると、胆力が要る。決断するときはもちろん、新しいことに踏み出すときはなおさらだ。

経営トップは誰しも、失敗したくないと考えている。しかし、失敗を恐れずに新しいことに挑戦しなければ企業は変わらない。変わらないと企業は潰れる。したがって、トップたる者、リスクを恐れずに絶えず新しいことに挑戦しなければならない。そのためには、使命感とそれに支えられた人間としての情熱が必要となる。

舩曳真一郎の場合、社長就任以降断行している改革をみれば、その覚悟のほどがうかがえる。

まず、商品・サービス面では、自動車保険「見守るクルマの保険（プレミアムドラレコ型）」、中小企業向け火災保険「震度インデックス型定額払商品」、企業向け火災保険「カーボンニュートラルサポート特約」、自治体との協業「被災者生活再建支援サポート」、「自然資本・生物多様性の保全・回復に資する商品・サービス」など、業界初の商品・サービスを投入する。

また、組織・制度改革としては、将来のビジネスモデルをデザインする部門「ビジネスデザイン部」の新設および、経営企画部にデジタル技術や取得データを活用した「CX」（カスタマーエクスペリエンス、顧客体験）の向上を目指す「CXマーケティングチーム」の設置がある。

さらに、活気ある職場を醸成するため、ドレスコード（服装規定）の廃止、多様な意見や価値観を組織の意思決定に反映させるため、女性副支店長・副部長ポストの新設。そして、従来のブロック本部制を廃止し、部支店主体の組織に移行する組織改革を推進する。

加えて、事業改革も国内・海外ともに積極的に推進している。特に将来の成長を見据えた海外での事業領域の拡大に注力する。舩曳が覚悟を示したのは、副社長時代から取り組んでいるフィリピンの大手財閥銀行ＢＰＩ（バンク・オブ・ザ・フィリピン・アイランズ）との合弁会社「ＢＰＩ・ＭＳインシュアランスコーポレーション」設立による事業の強化だ。また米国でも２０２２年８月、米国再保険仲介会社トランスバース・インシュアランス・グループの買収を発表、収益基盤を強固にする。

これらの改革がすべて、中期経営計画で掲げた目指す姿「イノベーション企業」を実現する成長ビジョン「自社と社会のサステナビリティ（持続的成長）を同時実現するサステナビリティ・トランスフォーメーション（ＳＸ）」に向けたものであることは言うまでもない。

その〝目指す姿〟の実現を加速するためには、全員参加の経営で「社員一人ひとりの自発性を存分に引き出す会社」にしなければならない。これこそが舩曳の使命感なのだ。

現在舩曳が腐心しているのは、多様な視点を許容し、社員の斬新な発想を引き出し、イノベーションを生み出しやすい〝企業カルチャー〟づくりだ。

典型例が、現場と本社の社員が協力し、新たな業務に挑戦する社内副業制度「プロジェクトチャレンジ」の導入だ。そこで得た知見を所属部署の業務にも活かすことで「カルチャー変革」「エンゲージメント（個人と組織が互いに貢献し合える関係）の向上」「キャリアビジョンの実現」、そして「イノベーション創出」を目指す。

もう1つは、外部人材の積極的採用。社外で働いた経験のある管理職の比率を現在の20・3％から2025年度末までに30％以上に高めることを目指す。

さらに、社員が年初に作成する目標に現状打破につながる「ムーンショット目標」を新設する。これは夢のある計画を意味し、達成した場合に高く評価される。

見逃せないのは、中途退職者を集めた「アルムナイ（卒業生）」ネットワークを設立したことだ。退職者を集め、定期的に交流会を開き、再入社を増やすと同時に、転職先の企業などとの協業を目指す。

そのうえで舩曳は「社員の目指す姿」として、「自ら学び、考え、主体的に行動すること」、「過去の経験・知識に安住せず、自己成長を続けること」、「失敗を恐れずチャレンジすること」——を繰返し訴えている。

そうした舩曳の覚悟は「競争力を高める唯一の方法は社員が持てる力を発揮してくれるような企業

文化を育むことだ」という確信に基づく。
船曳率いる三井住友海上の「イノベーション企業」実現への挑戦が続く。

気候変動リスクの減少に注力することこそが損保の存在価値

私は拙著『「使命感」が人を動かす』（集英社インターナショナル）で、持続的成長を遂げる企業の経営者には、「事業を通じて長期的に社会に貢献することを目的とする組織」という企業観があると書いた。企業の社会貢献とは、価値ある商品やサービスを顧客（＝社会）に提供することを通じた世の中、社会への貢献だ。価値創造なくしては、企業は継続できない。顧客にとっての付加価値を提供することが会社の存在意義だからである。それゆえ顧客に評価される企業は生き残る。つまり、持続する企業は「世のため、人のため」という企業文化を醸成しているのである。

船曳真一郎も、過去の歴代の社長が企業に埋め込んできた「世の中、社会のために仕事をする」という使命感の企業文化を継承している。

企業にとって、「世のため、人のため」の仕事とは、自社の商品やサービスを顧客に提供することを通じた社会への継続的な貢献である。

そのためには必要な利益を取ることが絶対条件となる。その点、船曳は「企業とは利益を上げることを通じて長期にわたり社会に貢献することを目的とする組織」という企業観を持つ。利益は目的ではなく、手段として必要。「商品・サービスの提供が先、利益は後」、つまり社会課題を解決する高付加価値の商品・サービスを提供すれば、利益は自然とついてくると考えているのだ。船曳が「世界のリスク・課題の解決でリーダーシップを発揮するイノベーション企業」を目指すのは、社会にとっての付加価値を持続的に提供することが会社の存在意義だと確信しているからだ。

それだけに船曳は社長就任以降、業界に先駆けた付加価値の高い商品・サービスを提供することに腐心する。代表例には企業火災保険向け「カーボンニュートラルサポート特約」、「被災者生活再建支援サポート」、「火災保険 ライフライン停止時仮すまい費用等特約」などがある。

とりわけ船曳が力を入れているのは、デジタル技術を活用することによって事故・災害の影響を減らし、復旧を支援する機能をあらゆる場面で提供することだ。例としては2021年10月、大規模な海洋事故発生時のリスクにも、過去の事故データや建造国、メンテナンス歴などのデータを分析し、「船舶のリスク評価モデル」をつくる。リスクの高い船舶には整備や運航管理の改善に向けた助言ができるようにし、リスクの低い船舶にはより安い保険料で保険契約ができるようにしている。

また、2023年4月から「防災ダッシュボード」のサービスを開始する。自然災害時のリスクを事前に洗い出して自治体や企業向けに有事に情報を発信するもので、過去の事故データをマッピングして地域ごとの水災リスクを可視化できる。

注目すべきは、船曳は一貫して「気候変動対応が最重要課題」と唱え、「気候変動リスクを減らすことに注力することこそが損保の存在価値」とまで言い切っていることだ。現に、再生可能エネルギーやカーボンニュートラルの促進、EV（電気自動車）の導入の際のリスクを補償する企業向けの商品など、気候変動対策に役立つ保険の提供に力を入れている。

ただそれだけでは損保として期待される社会的役割に応えたことにならない。船曳が言う。

「自然災害など気候変動が及ぼすリスクを予測して防災・減災に努めるとともに、万が一被害があった場合の、回復を支援するリカバリーまで考えなければなりません。災害発生におけるビフォーアフターを一貫して対応できる商品・サービスの提供がSDGs（国連の持続可能な開発目標）時代における損保の役割となります」

船曳は、気候変動対策を全社的に推進するため、2021年4月、経営企画部に「気候変動対策チーム」を設置。本社各部から100人が参画し、商品・サービス、マーケット戦略など6つの領域でアイデアを出し合って、社会の脱炭素化を支援している。

さらに船曳は、企業活動や社会インフラの強靭性を高めるソリューション構築にも力を入れる。例えば、「道路メンテナンス支援」。通信機能付きドライブレコーダーを活用し、撮影画像をＡＩ（人工知能）で分析して道路の損傷を検出するサービスだ。また、プラントの事故の防止・軽減を図る「プラント向けコンサル」。製造工程等のデータを分析してリスクを調査・評価し、改善に向けたコンサルティングを行っている。

見逃せないのは、船曳が開発を主導したＡＩ搭載の代理店向け営業支援システム「ＭＳ１ブレイン」を外向きに活用する方針を打ち出していることだ。船曳は言う。

「ＭＳ１ブレインにいろいろな情報を入れて、適切かつ効果的な案内を迅速に顧客に提供する。例えば、災害情報、避難所の情報、防災・減災、災害からのリカバリーに関わるもの。これからは外向きを本格的に進めていくことで、さらなる社会的価値を提供していきたいと考えています」

船曳率いる三井住友海上の社会的存在意義の追求は続く。

第5章　グローバル企業への変革の源とは

アサヒグループホールディングス会長　小路明善

前例に囚われるな、新しい取り組みをしよう

私は拙著『成長する企業トップの成功戦略を解明する』（講談社ビーシー／講談社）で、今日のカオス（混沌《こんとん》）の時代に立ち向かう経営者の条件は、１に胆力、２に胆力であると書いた。

新型コロナを契機に社会は一変した。これまで成り立っていた事業の継続は困難さを増し、不確実性のリスクが高まっている。こうした混沌とした秩序のない、予測が不可能な環境を私は「新カオス時代」と呼ぶが、そんな時代に立ち向かう経営者の必須条件は胆力だと考える。

小路　明善（こうじ　あきよし）
1951年、長野県生まれ。青山学院大学法学部卒業後、1975年にアサヒビールに入社。人事戦略部長、アサヒ飲料専務、アサヒビール社長等を経て、2016年にアサヒグループホールディングス社長兼COOに就任。2018年から社長兼CEOとして積極的なM&Aなどによるグローバル経営を推進。「期待を超えるおいしさ、楽しい生活文化の創造」をミッションとするグループ理念を策定。2021年に会長兼取締役会議長に就任。

その胆力は、経営者自身の「使命感」「志」「夢」から生まれる。自分の生き様の中から「これをやり切らなければ、自分は生きている価値がない」という思いを持って、自分の存在を懸けて挑む、貫く。多くの経営者を見てきて、成功する人に共通するものは何かと追求していくと、この点に行き着くのである。

サラリーマン経営者の中で、小路《こうじ》明善《あきよし》（71）ほど、「持続的成長を遂げる会社にする」という信念を貫く〝胆力の人〟は多くはいない。

小路はアサヒGHD（グループホールディングス）を国内企業から〝グローバル企業〟へと変革させている。まず、2016年（平成28年）、ビール世界最大手のアンハイザー・ブッシュ・インベブ（＝ABI、本社・ベルギー）から、西欧ビール事業、翌17年に中東欧事業を買収した。さらに、2020年（令和2年）にもABIから豪州事業を買収する。

小路は確信と覚悟を持って、総額2兆４０００億円という巨額のM&A（企業の合併・買収）を断行したのである。

これにより、アサヒGHDは事業利益の50%以上を海外事業が占め、全従業員約3万人のうち、外国籍が半数を超えるまでにグローバル化が進んだ。

小路の胆力ぶりはアサヒビール社長時代から随所でみられた。

東日本大震災で全半壊した同社福島工場の早期再開も、２０１２年から開始した「スーパードライ」の派生商品の発売も、いずれも多くの反発や異論を押し切って成し遂げた実績である。

もし、「風評被害」を恐れて、福島工場の被災8カ月後という早期再開に踏み切らなければ、またスーパードライのブランド資産の低下や〝共食い〟を恐れて派生商品の投入に挑戦しなければ、同社の持続的成長の実現は困難だっただろう。

小路の挑戦はそれだけではない。ビール会社社長としては初めて「ビール依存の脱却」「夏場依存の脱却」を経営方針に掲げ、ノンアルコールビールの開発、ウイスキー・ワイン商品の拡充、ワイン商社「エノテカ」の買収など随所で胆力を発揮している。

胆力はにわかにつけられるものではない。その点、小路には若い時代から胆力を表す数々のエピソードがある。

例えば、1989年の労使経営諮問員会で、「古い在庫を一掃する」と宣言する社長の樋口廣太郎（当時）に向かって、労働組合書記長の小路は「余分な費用がかかる」と臆することなく反論した。「会社を良くしたい」という使命感からだった。また、人事部のときには個々の社員の強みを伸ばす「人材棚卸し制度」、成果を上げた人の原理原則を参考にする「コンピテンシー制度」など次々と改革を断行し、新しい人事制度を採り入れた。

小路の口癖は「前例に囚われるな。新しい取り組みをしよう」である。その言葉通り、随所で勇を振るってきた。他社との戦いに勝つ前に自分との戦いがある。常識や慣習を疑い、変化に対応しながら自己変革を続け、正しい利益追求を行う。それが自分の使命であると考えた。

その原点は労組専従時代にある。1980年代、同社は苦境にあえぎ、希望退職制度を実施した。小路は肩たたきをするうちに自分は何のためにこの会社にいるのか、わからなくなった。ある折、辞めていく先輩が言った。「多くを語らずとも、地道に会社のために努力している人の声なき声をしっかり聞く人間になってほしい」

それこそ自分の使命だと思った。そして二度とこんな悲しいことは繰り返してはいけないという思いが会社の発展に尽くす覚悟となっていく。

あきらめない人によるあきらめない経営

経営者の胆力は「使命感」「夢」「志」から生まれる。では、「使命感」とは何か。「世のため、人のため」「顧客のために尽くす」という思想からくる思いだといえる。創業経営者は創業時からすでに等しく「夢」「志」を内在させており、それらは「使命感」とワンセットになっている。サラリーマン経営者も、この点において創業経営者と同じ地平に立つことになる。

小路明善は、アサヒビール社長時代から「グローバルに飛躍する企業にしたい」という「志」を抱いていた。

当時、小路は語っている。

「今後は海外に打って出て、世界大手のアンハイザー・ブッシュ・インベブやＳＡＢミラーと違う戦い方をしていく。世界に広がる和食文化に乗じて『スーパードライ』を世界に広めます」

小路の使命感は、アサヒを持続的成長を遂げる企業にすることにある。戦略としては事業範囲を広げる多角化と市場対象を拡大するグローバル化の２つあるが、小路は自らが十分理解している事業領域でのグローバル化を選んだ。先進国への進出にこだわったのは、過去展開してきた中国や東南アジアでの事業の困難さから、大きな〝成長〟を取るには、欧米の先進国市場でプレミアムビール事業を開拓するのが最善と考えたからだ。

そんな小路の背中を押したのが、2014年と15年に、「スーパードライ」が米国、ベルギーのビールコンテストで金賞を受賞したことだ。「世界で評価された」と自信を持ち、自社を世界的なプレミアムビールメーカーへ変革させることを決意する。

そして、アサヒビール社長就任3年目には早くも、グローバル化へのロードマップを描いている。以来、「世界の市場はボーダーレスだ」とグローバル化の必要性を訴え続けた。まさに「あきらめない経営」を地で行くような粘り強さだった。小路は言った。

「アサヒのDNAは〝挑戦する集団〟です。私はこれを『あきらめない経営』と称し、社員には『あきらめたら負けだよ』と言い続けています」

振り返ると、小路自身、「あきらめない人」を地で行くようなサラリーマン人生を送ってきた。

入社以来、支店販売課、労働組合専従、東京支社営業部長、人事戦略部長、アサヒ飲料専務取締役などを歴任、常に新しいことに挑戦し、直面する困難から逃げずに忍耐強くやり抜いてきた。決して順風満帆というわけではなく、十数回の異動や転勤を経験している。

入社1年後の転勤は同期の中では小路1人だけ。それも当時アサヒのシェアが数%という厳しい市場である東北への転勤だった。「どうして自分だけが」と落胆したが、決してあきらめず営業に奔走した。

40代で人事課長の辞令が出たときも、「営業の経験しかないのに、どうして人事の仕事に回されるのか」とショックを受けたが、挫《くじ》けずに一から猛勉強し、次々と新人事制度を作り上げていった。例えば、年功序列に囚われず、成果を上げた管理職を飛び級で昇進させることを可能にした新「人事制度」、社員個人の能力や性格と各職務に必要な人材像をそれぞれ分析したうえで、適性の高い職種に配属する「人材棚卸し制度」などだ。

小路の「あきらめない」精神はどこからくるのか。小路は言う。

「私は昔から上昇志向が強く、〝負けず嫌い〟なのです。あきらめたら負けだと思うからです」

小路のパワーの源泉は「上昇志向」にある。それは単なるステータスとしての肩書ほしさや出世欲ではない。仕事のアウトプットを喜びとし、やりたいことをかなえる手段としての権限を得るために他ならない。

あきらめない代表例は、50歳で子会社のアサヒ飲料へ転籍した折のこと。過去に転籍して帰任した前例はなかっただけに、会社を去ることは遺憾千万であった。小路は挫折感に苛《さいな》まれたが、二度と本社に戻れないものと覚悟し、「ここに骨を埋めよう」と心に決めた。以降、社長の荻田伍《ひとし》の下、赤字続きのアサヒ飲料の再建に心血を注ぐ。

ブランドの資産価値拡大に向けて業界常識を打ち破る

成長を遂げる企業のトップに共通する条件は、自分の頭で考え抜いている。つまり〝論理的〟であることだ。経営は、「現実であり、論理ではない」といわれるが、持続的成長を遂げている企業の経営者は、自分の行った判断や意思決定について論理的に説明することができる。なぜ、そうするかについて徹底的に詰めて考え、たとえ失敗した意思決定についても、きちんと説明ができる。つまり、考え抜くことは「運・鈍・根」の成功3条件の大前提となるというわけだ（拙著『社長は知っている』講談社、参照）。

小路明善も論理的である。業界の常識、他企業の成功の形を無批判に受け入れることなく、自分で考え抜いて新しいビジネスモデルをつくっている。

代表例はグローバル企業化への変革である。小路はまず「西欧と文化が異なる日本の食品メーカーの国際化は実現不可能」という業界の常識を疑った。世界のビール市場は消費者の飲み方も、飲む場所、流通チャネルのあり方、トップブランドが存在していることも共通しており、ボーダーレス化している。

しかも、「スーパードライ」は欧米のビールコンテストで金賞を獲得したことから、アサヒの醸造技術、マーケティングが世界から評価されたと確信、世界に打って出ることを決意した。

安定した事業利益を獲得するため、先進国市場でのＭ＆Ａ（企業の合併・買収）を仕掛け、世界最大手のアンハイザー・ブッシュ・インベブから西欧・中東欧、豪州の事業を次々と買収していった。

総額約2兆４０００億円という巨額投資に対しては買収により事業利益はＥＢＩＴＤＡ（営業利益＋減価償却費）で、日本２０００億円、欧州１０００億円、豪州１０００億円の計４０００億円を確保することができる。有利子負債はＥＢＩＴＤＡの４倍以上に膨らむが、２〜３年後には日豪欧の収益の安定成長で3倍に回復すると判断した。

こうした小路の論理的思考は、アサヒビールの社長時代から随所で見られた。典型例はブランドの資産価値の拡大である。

そこで小路は、「メガヒット商品の派生商品は出さない」というビール業界の常識を疑った。社長になると、〝ブランド資産最大化〟戦略を打ち出し、メガヒット商品「スーパードライ」の派生商品を次々と投入。２０１２年にはスーパードライの黒ビール「ドライブラック」、13年はギフト限定

「ドライプレミアム」、14年は通年販売の「ドライプレミアム」、15年は期間限定の、ピンク色のパッケージと超辛口の「エクストラシャープ」といった具合だ。派生商品は同社の売上高、営業利益の拡大に貢献、4期連続増収増益の最大要因となった。

小路が派生商品を考え始めたのはアサヒビール常務取締役のときで、ブランド力は放置すると低下するという問題意識からだった。そもそもブランド価値とは何か。スーパードライなら、のどごし、切れが良いといった物性価値と、壮大性や躍動感を感じさせる情緒的価値から成る。これらの価値を深化させるのがメーカーとしての使命だ。小路はブランド強化を考え続けていた。

そんな折、ある食品会社の知人から「派生商品」について話を聞く機会があった。その食品会社は機軸商品の派生品戦略で成功を収めていた。そこで小路は派生商品の実態を調査し、成果を上げている製菓会社や自動車会社のマーケティング担当からその効果を聞き、研究に研究を重ねた。

社長になると、満を持して派生品戦略を打ち出した。ところが、社内の一部から反発の声が上がった。「先輩たちが苦労して築き上げたスーパードライのブランドに手をつけていいのか」「マーケティングに携わったことのない社長がタブーを破っていいのか」——。

しかし、小路の決意は揺るがなかった。その結果、「スーパードライ」ブランド合計の出荷数は、1989年発売以来、27年連続で1億箱を突破するという快挙を成し遂げるのである。

商品自体を売ることは二義的なこと、大事なのは売った後

経営者の責任とはまず、企業のリーダーであるということだ。それも工場の従業員、販売店の営業員まで含めた社員全体のリーダーでなければならない。そのためには、経営者は理念、ビジョンを社員一人ひとりに伝え、共有できるようにすることが不可欠。では、経営者がビジョンを徹底するための条件は何か。

１つ目は愚直に自分のビジョンを自分の言葉で何度も繰り返し伝え続けること。２つ目は言行を一致させること。すなわち自分の理念や方向性通りの会社運営を実行することである。

小路明善も、アサヒＧＨＤ社長のとき、自らの手で経営理念を策定し、社員に語り続け、その言葉通りの企業運営を実行している。

２０１９年に策定したグループ理念「アサヒ・グループ・フィロソフィー（ＡＧＰ）」は、ミッション（使命）「期待を超えるおいしさ、楽しい生活文化の創造」、ビジョン（目指す姿）「付加価値ブランドを核として成長する〝グローカルな価値創造企業〟を目指す」、バリュー（価値観）「挑戦と革

新・最高の品質・感動の共有」などからなる。

小路は、「経営理念」は企業の土台と考える。土台をしっかり固めなければ、強い企業はつくれない。それだけに小路は、アサヒＧＨＤ（グループホールディングス）社長になると、新しい経営理念づくりに腐心した。

折しも、国際化を進めてきたアサヒＧＨＤと小路は、ビール世界最大手のアンハイザー・ブッシュ・インベブ（ＡＢＩ）から西欧・中東欧事業を買収、さらに豪州事業の買収を決断するなど、グローバル化を一気に進めようとしていた。――現行の経営理念はグローバル化を追求していくうえで適切ではない。グローバル企業として、より理想的な経営理念を作らなければならないと覚悟を決めた。

小路はＡＧＰの策定を主導すべくグローバル企業の現状を自分の目で見、それらのＣＥＯや幹部たちの声を自分の耳で聞き、自社のあるべき理念を自分の頭で考え、自分の言葉で語った。

小路が言う。

「ＡＧＰはアサヒグループの土台となる共通理念です。例えば、使命。アサヒに勤めている人間は社会や消費者に対してどういう使命があるのか。使命を果たすために仕事をする。商品を売ること自体は二義的なことに過ぎず、大事なのは売った後です。消費者はどういうベネフィット（価値）を得られるのか、価値創造を追求していく。ＡＧＰは暗記するだけでなく、社員が行動や計画に落とし込んで初めて生きてくる。私はＡＧＰに基づき、アサヒグループが全世界に独自の価値を提供し、それが全世界に評価され、事業価値が上がっていく。そういう好循環を回していきたい」

小路はＡＧＰ策定後、国内拠点を回り、自分の理念、ビジョンを語る伝道を行い、さらには海外拠点にも出かけ、幹部や社員に自らの理念を直接伝え続ける努力をしている。

小路の、そのような経営手法はアサヒビール社長時代から一貫している。例えば、自分の理念「総合酒類提案企業として新価値創造に挑戦する」を掲げ、それを全社員に繰り返し語り、その実現に向かわせようと努めている。

その発想の原点は、どうすれば顧客に対し新しい価値を提供できるかという「顧客起点の価値創造」にある。ＡＧＰのビジョンに通じるものだ。

アサヒＧＨＤは、日豪欧の世界3極体制を確立し、「スーパードライ」、「ペローニ・ナストロアズーロ」（イタリア）、コゼル（チェコ）、「ピルスナー・ウルケル」（チェコ）、グロールシュ（オランダ）の5ブランドをグローバル・プレミアムブランドとして世界販売に乗り出した。販売地域も未開拓市場だった中東、南米にまで拡大。また、スーパードライの海外生産拠点は4カ国に至っている。

そうした海外市場の拡張により、アサヒは現在、世界のビール事業で、ＡＢＩ、ハイネケン（オランダ）に次ぐ第3位の規模になった。

小路が語る。

「私は、アサヒブランドを選んで飲んでいただくユーザー数で、世界№1の企業にしたいのです」

世のため人のための企業文化醸成に持続的成長の鍵

持続的成長を遂げる企業には、「事業を通じて長期にわたり社会に貢献することを目的とする組織」という企業観がある。企業の社会貢献とは、価値ある商品やサービスを顧客に提供することを通じた世の中、社会への貢献である。価値創造なくしては、企業は継続できない。顧客にとっての付加価値を提供することが企業の存在意義だからだ。つまり、持続する企業は「世のため、人のため」という企業文化を醸成しているのである。

小路明善も、歴代の社長が企業に埋め込んできた「世の中、社会のために仕事をする」という企業文化の継承に腐心する。

この4年間、小路とアサヒGHD（グループホールディングス）は、ビール世界最大手のアンハイザー・ブッシュ・インベブから西欧事業・中東欧事業、豪州事業を相次いで買収、グローバル化を一気に進めた。今後もグローバル化を追求、深化させていく方針だが、進出先の地域社会の企業市民となり、「世のため、人のために仕事をする」という企業理念は不変だと小路は明言する。

つまり、小路は、企業の存在意義は顧客にとっての付加価値を持続的に提供することだと確信しているのだ。

例を挙げると、グローバル化による新市場の創出がある。「スーパードライ」をイタリアのグループ企業で生産し、欧州全域に提供する一方、イタリアやチェコのグループ企業の「ペローニ」や「ピルスナー・ウルケル」を日本国内で販売する。

小路が言う。

「今まで日本や欧州で飲めなかったビールが飲めるようになる。今後、日本にあるイタリア料理店全店にペローニを入れると、イタリアのビールと料理を食することができ、本場イタリアの雰囲気を楽しめる。顧客にとっての付加価値を提供することができるのです」

近年、アサヒが付加価値を提供した例として、マイナス２度で提供する「エクストラコールド」という飲み方がある。これは潜在ニーズを顕在化させた飲み方として注目された。消費者はマイナス２度のビールがほしいとは言っていない。味の切れ、シャープさ、のどごしなどを追求してきた成果だ。まさにアサヒＧＨＤのミッション（使命）「期待を超えるおいしさ、楽しい生活文化の創造」を達成した一例である。

付加価値の提供は、小路がアサヒビール社長就任以来、腐心し続けていることだ。成果としてはスーパードライ派生商品やノンアルコールビール「ドライゼロ」などのヒット商品がある。

さらに小路は、一貫して「世のため、人のため」の企業文化を醸成しなければ持続的成長は達成できない、という強い危機感を抱いている。そのため、社員の価値観の共有化に心を砕く。多くの日本企業が廃止している「社長表彰制度」を継続させているゆえんである。小路が選考の際に心掛けたのは、見えないところで頑張っている社員にもスポットライトを当てることだった。

小路が語る。

「例えば、お客さま相談室の対応チーム。先般の東日本大震災による商品の欠品で、お客さまからの問い合わせが相次ぎました。そんな中、対応チームは根気よく、的確な対応をしてくれました。また、震災後、徹夜作業で驚異的なスピードで物流網を回復してくれた東日本物流部も表彰しました」

こうして、顧客のため＝「世のため、社会のため」に努力する人たちにスポットライトを当てることによって、社会のために仕事をするという価値観の企業文化を当然として認識させている。そうした企業文化を共有することで、社員と経営者のベクトルが合致し、会社が持続する。

そんなアサヒの企業文化を組織の隅々まで浸透させているのが、先輩社員が新入社員の指導に当たる「ブラザー・シスター制度」と、各部署で頻繁に行われている「社内懇談会」である。いずれも企業文化を育む装置となっている。

「世のため、人のため」という企業文化を追求する小路率いるアサヒグループの今後の躍進が注目される。

第6章　持続的成長のために変化し続ける

J．フロントリテイリング社長　好本達也

ローコスト経営の実現を追求して大丸を変えた

私は長年にわたり多くの有力企業のトップに取材してきた。そこから見えてきたのが、「会社を変えるのはトップではなく、No.2」ということだ。私の言うNo.2とは役職やポジションの「2番目」ではない。肩書は副社長かもしれないし、中間管理職かもしれない。企業を変え、成長させる主役だ。トップに意見を具申する参謀であり、ビジョンの具現化を補佐する役割を担う。また、トップと現場の間をつなぎ、社員のモチベーションを高め、自由闊達《かったつ》な企業風土に変えていく世話役でもある。No.

2の有無が企業の明暗を分けることは、〝歴史〟が証明している。

好本達也《よしもとたつや》（66）もまた、随所で№2の役割を果たしてきた。1979年（昭和54年）、慶應義塾大学経済学部を卒業後、大丸に入社した好本は、心斎橋店高級婦人服課を振り出しに、心斎橋店婦人服第1部マネジャー、同店婦人服部統括マネジャー、本社札幌店開設準備室部長、グループ本社東京店新店準備室副室長、東京店長、J・フロントリテイリング（JFR）執行役員、大丸松坂屋百貨店取締役執行役員などを歴任、随所で〝№2シップ〟を発揮してきた。

好本　達也（よしもと　たつや）
1956年大阪府生まれ。1979年慶應義塾大学経済学部卒業後、大丸入社。2008年大丸執行役員東京店長。2007年大丸と松坂屋の経営統合により持株会社J.フロントリテイリングが発足し2010年事業会社大丸松坂屋百貨店が誕生する中、本社経営企画を管掌。2013年同社代表取締役社長就任。GINZA SIX、上野店南館・心斎橋店本館建替え等大型プロジェクトを完遂。2020年J.フロントリテイリング取締役兼代表執行役社長。

　好本の特徴は、常に仕事の本質は何か、自分の役割は何かという「What」に対する答えを追求してきた点だ。

　最初に№2的役割を果たすのは、1997年（平成9年）から3年間就いた大丸心斎橋店販売促進部統括マネジャー、婦人服統括マネジャーのときだ。社長の奥田務（元ＪＦＲ社長）は、「ローコスト経営」実現の旗印を掲げ、仕事の見直しとコスト削減を行う「営業改革」を進めた。改革の根幹は売り場ごとの特性を分類し、売り場で働く社員の業務を明確化し、標準化することにあった。

それ以前から心斎橋店営業企画部マネジャーとして業務改善に取り組んできた好本は、営業改革を機に改革のアクセルを踏んだ。

当初は部長会議で改革案を諮《はか》っても、過去の成功体験の否定に強く抵抗する年長の部長たちに一蹴された。しかし、好本は改革案を根気強く説明し、議論を進める一方、経費概念やコンプライアンス意識の欠如した提案は排除した。仕事の見直しを行い、売り場運営を変革した好本は、営業改革の成功モデルをつくったのだ。

好本が〝№２シップ〟をフルに発揮するのは、２０００年から3年間、札幌店開設準備室部長として札幌店を開業したときだ。使命は、経営改革を生かした理想の百貨店をゼロから創ること。

好本は、「コストをぎりぎりまで抑えた運営体制」の実現を追求した。まず、人員体制の最小化。本社や他店舗から呼び集める予定の社員も現地採用に切り替え、また、少人数で運営できるバックヤードなど、店づくりを工夫した。さらに、部長は食品、婦人雑貨、婦人服、紳士服の4人体制にし、マネジャーも、各フロアに1人とした。その結果、通常、札幌店のような売り場面積（4万5000

平方メートル）の店舗だと、８００人の社員が常識とされていたが、４００人程度を実現する。札幌店は初年度から黒字化し、３年で累積損失を解消。売り上げも現在、道内首位となっている。好本はまさに奥田改革の集大成ともいうべき成功モデル店を生んだ〝改革者〟として社内に知れ渡った。

また、好本の№２シップは２００４年から４年間務めた東京店新店準備室副室長のときにも発揮された。当時、大丸東京店は関東の旗艦店であるにもかかわらず長い間、赤字が続く不採算店舗で、百貨店としては2流、３流のレッテルを貼られていた。

好本はまず、人員体制の徹底的な見直しから始めた。次に東京店の特徴を強く出し、百貨店としての存在感を高めていく戦略を取った。１つは、食品売り場を拡大、地下1階の他に1階にも設けた。東京駅前という立地上、食品ニーズは必ずあると確信した。もう1つは丸の内側に流れた女性顧客を取り戻すため、婦人服売り場を4階～6階の３層に拡大。結果、東京店は黒字化に成功した。

その後、好本はＪＦＲ執行役員、大丸松坂屋百貨店執行役員などを歴任、№２として会社の成長に貢献した。

全てが学びとすることで運に恵まれていく

私は成功する企業経営者には「幸運思考」があると考えている。「運」というのは、「私は運が良い」と思う人につき、「運が悪い」と思う人にはつかないようだ。現に、成功する経営者の多くが「自分は運に恵まれた」と語っている。

彼らに共通するのは、逆境でも「運が良い」と思えることだ。人は誰しも同じような体験をし、同じような経験をする。それに対して「運が良かった」と思えるような人が成功している。どんな辛い経験をも、学習であり、自己鍛錬であり、試練だと思える。そんな「幸運思考」の人が「成功者」になっているようだ。

その点、好本達也も、「運に恵まれている」と明言する。大丸に入社できたことに始まり、心斎橋店高級婦人服課を振り出しに、札幌店開設準備室部長、東京店長、大丸松坂屋百貨店の経営を任されたことに至るまでずっと運が良かったと考えている。

好本が何事もあきらめないのも、粘り強いのも、学び心が旺盛なのも、基本的に「幸運思考」であるからだ。とりわけ、重要なのは「学び心」。好本自身、「全てが勉強だ」と思える人、「会う人、全て勉強」「仕事は全て勉強」と思える人を地で行くようなビジネス人生を送ってきた。

まず、入社後に配属された心斎橋店のファッションブランド「ジバンシィ」売り場では顧客に正直に伝えること、一生懸命に対応する姿勢は好感を持っていただけることを体得。顧客は40～60代の女性で、独自のファッション感覚を持ち、好みもはっきりしている。20代前半の若い男性にはまともに太刀打ちできない。好本が心掛けたのは、わからないことはわからないと正直に伝えること、顧客のため一生懸命やっていることをわかっていただくことだった。

その2年後に異動した「プレタポルテサロン」では、先輩から「女性販売員を上手にマネジメントできなければ売り場は円滑に運営できない」と教わる。そこでは7～8社の商品を扱っており、各社から女性販売員が30人ほど派遣されていた。極意は全員の声を平等に聞くこと。分け隔てせず、まず彼女たちの意見に耳を傾ける。それらを実行しつつ、さらに好本は自ら「人の良いところ」を見出し、それを伸ばすことの大切さを学ぶ。

こうした売り場で接客してモノを売る経験と、販売員の長所を見出し、売り場を良くすることを考えた経験は好本のビジネスの原点となった。好本が「自分は運が良い」と思った理由だ。

また、好本は上司に恵まれていたことにも幸運を感じている。奥田務（現・特別顧問）、山本良一（現・取締役会議長）の歴代社長をはじめ、多くの上司や仲間に恵まれた。

とりわけ、2人の上司に鍛えられたことは生涯忘れられない。

1人は大丸心斎橋店営業企画部マネジャーのときの上司だった営業企画部長、本多洋治（元大丸松坂屋百貨店取締役兼常務執行役員）。本多は全面的に仕事を任せ、支援してくれた。

例えば、好本が部長会議に出席し、コスト意識やコンプライアンス意識の欠如を指摘すると、年長の部長たちは、「経費概念がないとか、コンプライアンスの意識が欠如しているというけど、そういうものを全部飲み込んで自分の成果を出したらええやないか」と一蹴する。好本はあきらめず、意識改革の必要性を訴え続け、営業改革につなげていった。法務に詳しい本多の支援がなければ心斎橋店婦人雑貨売り場が改革モデルに選ばれることはなかっただろう。

もう1人は、好本が2000年から8年間携わった札幌店開設準備室部長時代と東京店新店準備室副室長時代の上司だった小林泰行（前取締役会議長）だ。

小林は好本が札幌店開設準備室部長時代には「店づくりに専念しろ」と任せ、行政や地元との折衝など煩雑な交渉は自ら引き受けた。また、東京店新店準備室副室長時代には、東京店の1階に食品フロアを、4〜6階に婦人服フロアを設けるなど、特徴のある店づくりに猛反対する大阪本社の幹部役員たちを粘り強く説得してくれた。

好本は、上司や仲間に恵まれ、幸運だとつくづく思うのである。

百貨店は変わらないと存続できない

新型コロナウイルスの世界的な拡散と感染拡大により、人、モノ、金の流れが途絶えた。各国はロックダウン（都市封鎖）を選択し、恐らく人類の歴史において、ここまで急激に経済活動を止めたことは類を見ないだろう。影響は甚大で、これから企業の倒産、従業員のリストラ、解雇が一層深刻化することが懸念されている。

新型コロナは確かに社会に大きな影響を与えた。しかし、それらはコロナ問題がなければ生じなかったかといえば、それは違うと私は考える。新型コロナにより、潜在的な課題や問題がより早く、鮮明な形で露《あら》わになっただけであり、企業経営者たちにとっては「解決するべきミッション」がより明確な形で示されただけともいえる。

その点、J.フロントリテイリング（JFR）社長の好本達也はどうか。同社は新型コロナによる業績低下で、2021年（令和3年）2月期連結営業損益が206億円の赤字に陥る見通しだ。大打撃を受けているにもかかわらず、好本は、「大胆な経営改革を推し進める最大のチャンス」と訴える。

JFRはこれまで、「低コスト運営と客層の拡大」を目指して構造改革を進めてきた。例えば、定期賃貸借によるテナントビジネスの拡大、パルコの100％子会社化、大丸松坂屋百貨店とパルコの融合、デジタル化の推進――などだ。

そうした構造改革のモデル店が、テナント比率100％のギンザシックスと同65％の大丸心斎橋店だ。両店共大丸松坂屋百貨店の平均テナント比率20％を大きく上回る。同社は今後、他店舗もテナント比率を高め、ローコスト化を具現化すべく構造改革を進めていく方針だ。

さらに、同社はDX（デジタルトランスフォーメーション）の進化に取り組んでいる。外商全員がiPadを携帯し、デジタルの仕組みを入れ、販売計画から商品情報までその中で行う。

そんな改革を進めている折に襲ったのがコロナショックだ。

好本は危機に直面しながらも、冷静さを失わず、「危機感の欠如」「スピード感の欠如」という会社の有する問題がコロナで顕在化したと捉えた。つまり、コロナは社員に危機感を植え付け、迅速な改革の必要性を腹落ちさせる効果をもたらすと考えたのだ。

象徴例はDXの進化。2020年3月末から5月の緊急事態宣言解除までの期間、大丸松坂屋百貨店の各店舗が臨時休業すると、顧客とのコミュニケーションも、決済もできないという危機的状況に陥った。デジタル化を進めていたものの、百貨店は顧客が来店しないと何もできないことを好本は痛感した。そうした状況にIT活用能力の低い外商係員も、売り場係員もこのままでは自分たちの存在が危うくなると危機感を持ち、ＩＴ活用に真剣に取り組むようになった。

もう1つ、スピード感を持って取り組まなければならない改革に、パルコと大丸松坂屋百貨店の融合がある。パルコと百貨店は企業文化・風土が対照的だ。大丸は３００年の歴史があり、上客を持ち、決めたことをやり切る力はある。一方、パルコはスピード感を持ち、時代に先駆けた新しい商品、芸術・文化を生み出す力がある。顧客も、50代以上の富裕層中心の百貨店に対して、パルコは20～30代の若い世代が多い。この2つが融合し、シナジー効果を発揮すれば新たなマーケットを開拓できる。

シナジー効果が表れている代表例が大丸心斎橋店と、２０２０年11月に同店北館に開業した心斎橋パルコ。パルコには百貨店から富裕層の顧客が、百貨店にはパルコの若い世代の顧客が流入している。

好本は言う。

「今後はパルコに化粧品やラグジュアリー（高級）ブランドを、百貨店には若者向けの新商品を入れていき、百貨店の富裕層やパルコの顧客層を中心に、新しい市場を創造できるようなビジネスモデルをつくっていきたい」

百貨店は変わらないと存続できないという過去の経験からきた危機感が、「危機をチャンスに転化する」と危機に積極的な意義を見出す好本の力の源泉となっている。

危機を転化する脱小売りや定額制のサービス

多くの経営者を見てきて、企業を成長させている経営者は、現場感覚があり、環境変化を認識する鋭い感性を持ち、変化への対応力に優れている。それに加え、彼らは企業コンセプト、経営理念は守り抜き、それを実際の現場に適用している。

逆に、成果の上がらない企業には、世に言われる時代の変化に右往左往して、何でもかんでも事業を中途半端に手掛け、その企業の中核事業を見失っている場合も多い。

その点、J．フロントリテイリング（JFR）社長の好本達也はどうか。

大丸の社是「先義後利」（道義を優先させ、利益を後回しにすること）と、基本理念「時代の変化に即応した高質な商品・サービスを提供し、お客様の期待を超えるご満足の実現を目指す」を守る一方、それを実際の現場に適用し、その時々の具体的な方策については柔軟に時代の変化に合わせていこうとしている。

それはこれまでの「低コスト運営と客層の拡大」を目指した改革に表れている。百貨店初のポケモンセンターなど斬新なショップの導入、定期賃貸借（定借）によるテナント導入、パルコ買収、テナント率１００%のギンザシックス、同65%の大丸心斎橋店、心斎橋店北館に心斎橋パルコ開業……。全て環境変化への対応を目指した改革である。

現在も好本とJFRグループは各店舗のテナント比率の向上、百貨店とパルコの融合、ＤＸ（デジタルトランスフォーメーション）の進化に取り組んでいる。

見逃せないのは、環境変化に対応した新規事業の開発だ。

代表例の1つは、２０１９年4月に立ち上げた幼児保育事業。子供をただ預かるだけでなく、国際感覚と思考力を持つ子供に育てる。そのため、英語教育、知能教育、運動指導に加え、職業体験のプログラムも提供する。脱「小売り」の象徴的事業だ。

もう1つは、２０２１年3月、30代前半の若手社員が立ち上げたファッションサブスクリプション（定額制）事業。国内外のブランドの中から自由に3着を1カ月間レンタルできる定額制のサービス。

さらに、好本は新規事業に挑戦する組織風土づくりにも腐心する。外部から積極的に新しい人材を導入する一方、社内で新しいことに挑戦する人を評価する風土への変革に力を入れる。

現在、ＪＦＲグループは従業員の意欲・行動を評価し、支援する提案制度「チャレンジカード」を設け、優秀企画を表彰し、社員を鼓舞している。

面白いのは、全社員による「みんなの行動宣言」。役員幹部から現場の従業員に至るまで全員が、年度初めに「発明に向けて、私は○○を実行します」と宣言する。ビジョンを日常業務に反映させ、その実現の機運を高めるためだ。好本は大丸松坂屋百貨店社長に就任以来、一貫してこの「発明体質への変革」を訴え続けている。

なぜ、好本は変革の必要性を説くのか。言うまでもなく、変わらなければ企業は潰れるという「危機感」からだ。その危機感は、市場動向を見誤ってきた過去の体験に基づいたものだけに切実だ。

好本は入社後20年間、大丸心斎橋店に携わり、うち10年間、婦人服を担当した。当時、婦人服は「百貨店の王様」で、売り上げの3割以上を占めていた。それだけに百貨店での女性ファッションは必ず売れるという〝神話〟が生まれ、婦人服売り場は急速に増えていった。

好本自身も、多くの百貨店関係者と同様、成功体験からくる通説に囚われ、女性ファッションは長期的にみれば必ず伸びると確信していた。大丸は全売り上げが1991年に最初のピーク、97年に2回目のピークを迎え、それ以降、下降線を辿《たど》っていたにもかかわらず、神話を信じて疑わなかったのだ。しかし、百貨店の女性ファッション市場は成長することはなかった。

好本を含めた百貨店関係者のほとんどが女性ファッション市場動向を見誤ったのは、環境の変化を認識する感性の鋭さを欠いていたからである。

利益は目的ではなく、社会貢献の手段として考える

持続的に成長している企業の経営者は必ず、強い使命感を持ち、それに支えられた情熱を持っている。では、使命感はどこから生まれるのか。オーナー経営者の場合、意思決定の責任所在が自分にあることから生まれる。一方、サラリーマン経営者の場合、使命感は「世の中、社会のため」という企業文化から生じると私は考える。

Ｊ．フロントリテイリング（ＪＦＲ）社長の好本達也は創業以来の企業文化「世のため、人のため」を継承するという使命感を持っている。

大丸の社是「先義後利」に基づく基本理念「時代の変化に即応した高品質な商品・サービスを提供し、お客さまの期待を超えるご満足の実現を目指す」を訴え、「くらしの『新しい幸せ』を発明する」というグループビジョンを掲げ、新たな価値提供の実現に向け邁進するのは、使命感からだ。

好本は語る。

「社是に立ち返り、日々の事業活動を実践してきたことが持続的成長につながってきた。社会の変化に対応し、自己革新に取り組む。その実現は『社会にとって正しい道とは何か』を追求することを経

営活動の基軸としてきたことによりもたらされたのです」

好本の持つ企業観は、「利益を上げることを通じて社会に貢献することを目的とする組織」である。利益は目的ではなく、社会貢献の手段として考える。つまり、社会に価値を生み出せば、利益はついてくる。その利益をさらに社会的価値につなげるというサイクルを循環させることで持続的発展の実現を目指すのだ。

ここで重要なのは、ＪＦＲにはトップと社員の双方を律する「世のため、人のため」という企業文化（＝価値観）がしっかり埋め込まれており、社員がそれに従って仕事をしてきた点だ。

では、好本は今後どうやってビジョンを具現化するのか。

現在、好本が進めている改革は、①大丸松坂屋百貨店の構造改革、②パルコと百貨店の融合、③ＤＸ（デジタルトランスフォーメーション）進化の３つだ。

構造改革とは、定期賃貸借（定借）によるテナントの比率を高めて収益安定化を図る一方、化粧品、ラグジュアリー（高級）ブランド商品など百貨店の強みのカテゴリーは拡大する、いわばハイブリッド型モデルへの変革だ。

好本はすでにそれを実行し、成果を上げている。例えば大丸松坂屋百貨店社長時代には旧松坂屋銀座店を１００％定借のギンザシックスに、大丸心斎橋店を65％定借に転換するなどだ。さらに百貨店の婦人服売り場の３割削減を進め、空いたスペースに新たな編集売り場を展開。代表例は大丸札幌店の売り場「キキヨコチョ」。婦人服売り場に開業した、女性が雑貨や化粧品などを試せる新売り場だ。

こうしたハイブリッド型への変革により、顧客の変化に対応した新たなコンテンツの導入を進めやすくなり、従来型百貨店とは異なる運営となることで、組織の大幅なスリム化も実現できると好本は言う。

２番目は百貨店とパルコの融合。パルコの、時代を先駆けた新商品を入れ、独自の芸術・文化のコンテンツを百貨店で展開する。一方、パルコは化粧品や高級ブランドを入れる。そうした店舗の魅力化とブランド力向上の取り組みにより、パルコの若い世代の顧客を百貨店に、百貨店の富裕層をパルコに流れる顧客回遊の仕組みづくりを行う。

３番目のＤＸ進化。大事なのは、好本がオンライン取引拡大やデジタル化を進めるだけでは顧客の新たな価値観に対応できないと考えていることだ。店頭販売員や外商係員が顧客とつながりを持っている強みを生かしていく。そのため顧客と売り場を人でつなぐＤＸの構築を目指す。店頭で顧客とやりとりをして決済をオンラインで行う、あるいは購入前のやりとりをオンラインで行うなど、オンとオフのラインを組み合わせていくことが既存のＥＣ（電子商取引）との差別化につながると考える。

新たな価値提供により社会に貢献すべく好本率いるＪＦＲグループの戦いは続く。

第7章　社員が主役になる会社へ

サッポロホールディングス社長　尾賀真城

ビールのブランドはメーカーのものではなくお客さまのもの

私は成功する企業経営者には「幸運思考」があると考えている。「運」というのは、「私は運が良い」と思う人につき、「運が悪い」と思う人にはつかないようだ。現に、成功する経営者の多くが「自分は運に恵まれた」と語っている。

彼らに共通するのは、逆境でも「運が良い」と思えることだ。人は誰しも同じような体験をし、同じような経験をする。それに対して「運が良かった」と思えるような人が成功している。

その点、尾賀《おが》真城《まさき》（64）はどうか。慶應義塾大学法学部を卒業し、大手ビールメーカー（当時2位）のサッポロビールに入社できたことに始まり、東京支社を振り出しに本社営業部、東京支社流通営業部長、ビール事業本部ブランド戦略部グループリーダー、近畿圏本部大阪第1支社長、執行役員北海道本部長、取締役兼常務執行役員営業本部長などを歴任し、サッポロビールの経営を任されたことに至るまでずっと恵まれていたと考えているようだ。

尾賀　真城（おが　まさき）
1958年、東京都生まれ。慶應義塾大学法学部卒業後、1982年にサッポロビールに入社。営業部門、マーケティング部門、営業本部長等を経て、2013年にサッポロビールの社長に就任。2017年からサッポロホールディングスの社長としてグループ全体の経営を推進。個性輝くブランドカンパニーとして独自の存在価値を発揮しつつ、全ての事業を通じて人々と地域社会のWell-beingに貢献することを目指し指揮を執る。

尾賀が何事もあきらめないのも、粘り強いのも、学び心が旺盛なのも、基本的に「幸運思考」であるからだ。とりわけ、重要なのは「学び心」。尾賀自身、「会う人、全て勉強」「仕事は全て勉強」と思える人を地で行くようなビジネス人生を送ってきた。

尾賀は入社3年目から7年間、東京支店販売4課で営業を行う。最初の5年間は、街の酒販店への販売を行った。当時、サッポロビールは市場シェアが20%を超え、キリンに次ぐ2位の地位を維持していた。営業していて学んだのは、繁盛している酒販店は夫人がしっかりしていることだった。昼間は配達へ行く旦那に代わり、店を切り盛りするのは夫人だった。夫人にアピールすればうまくいく。尾賀は自動販売機、ショーケースなど懸命に売り込んだ。

1987年(昭和62年)、担当地区が北区から豊島区に、酒販店も家庭用から飲食店やバーなどに酒を納入する業務用酒販店に変わる。2年後の89年(平成元年)年2月、サッポロビールは「黒ラベル(当時ビン生)」を刷新、「サッポロドラフト」として発売した。当時、アサヒビールが「スーパードライ」を売り出して2年。業務用ビールが破竹の勢いでスーパードライに切り替わっていった。その猛攻を食い止めるべく満を持してサッポロが出したのが「サッポロドラフト」だった。

しかし、市場は動かず、酒販店からは「なぜ、黒ラベルをやめたんだ。黒ラベルじゃないとスーパードライと戦えない」と猛反発された。結局、黒ラベルは半年で復活、ドラフトは2年で姿を消す。

このとき、尾賀が学んだのは、「ビールのブランドはメーカーのものではない。支持していただいているお客さまのものでもある」だった。

その後、携わったマーケティング部やブランド戦略部での「ブランド戦略」の原体験となった。

さらに尾賀は、「会う人は全て勉強」と思える人間でもある。

例えば――。入社10年目、本社営業部ビール担当として商品の需給調整をしていたある日、毎朝20分ぐらい部員を前に訓示する営業部長が、「キャンペーン商品が品切れでは話にならない。製造部と話をつけるようにしないといけない」と叱咤した。

当時、製造部から「このキャンペーン商品は間もなく品切れするよ」と言われると、営業部員は直接工場まで行って補充交渉するなど、商品供給の確保に東奔西走していた。そこで尾賀は、部下を説教する上司に「そう言うんだったら、上司であるあなたが製造部と掛け合わなきゃいけないんじゃないですか」とやり返した。

そこで尾賀が学んだのは、リーダーとしてのあるべき姿だった。その上司を反面教師に、自分は部下に命令するのではなく、率先垂範して行動し、部下に手本を示す人間でいようと心に誓うのである。尾賀が、〝背中で教えるリーダー〟と言われたゆえんだ。その後、尾賀は流通営業、マーケティング、営業本部などに携わり、随所で新しいことに挑戦、目的を達成している。「幸運思考」ゆえである。

夢がある会社でなければ皆が生き生きと仕事を楽しんでやれない

近年のトップは決断しないと言われる。決断することは場合によっては自己否定、過去の否定につながりかねない。それだけに、決断を下すには覚悟と胆力を要する。ビジョンや目標は誰でも描ける。しかし、それを実現すべく実行となると、胆力が要る。新しいことに踏み出すときは、なおさらである。

尾賀真城はどうか。2017年3月、サッポロホールディングス（SH）社長就任以来、「小さな会社」を唱え、20年4月に海外事業を事業会社に全て移管し、国内外一貫したブランドの世界戦略を展開するなど、組織再編を敢行した。これによりSHはガバナンス、事業会社支援、経営資源配分機能に特化、社員を半減させた。尾賀が言う。

「本社（SH）が大きくなると管理が強くなる。これは決していいことではない。事業は事業会社に任せ、本社は事業会社を支えることが肝要です。現在、海外事業は成長している。常に伸びている商品と地域が存在すれば士気は高揚する。夢がある会社でなければ皆が生き生きと仕事を楽しんでやれないのです」

こうした同社の極小化、グループ組織再編は胆力、言い換えれば覚悟がなければ断行できない改革だ。胆力はにわかに付けられるものではない。若いときからその有無が試され続けている。

尾賀は過去随所で胆力を発揮し、功績を残している。

尾賀はヒラ社員の頃から、正しいと思ったことは上司に対しても臆することなくものを言った。例えば――。尾賀が本社営業部ビール担当のとき、部員に説教する上司に対して、「それは上司であるあなたがやらなきゃいけないんじゃないですか」などと言い返した。部員が目標達成に向けて懸命に東奔西走していることを認めなかったり、部員に明確な目標を伝えず、手段だけを強要したりした場合、尾賀は上司に抗議するか、異議を唱えた。部員たちは自分の意見を代弁してくれる尾賀に敬意を表した。やがて職場は風通しがよくなり、チーム一丸となって課題に取り組むのである。

また、尾賀は販売攻勢をかけることに強い覚悟で臨んだ。

近畿圏本部大阪第1支社長時代には、「やればできる」ということを実証した。

大阪はアサヒビールの牙城で、歴史的に苦戦を強いられている市場だったため、支社には沈滞ムードが漂っていた。

尾賀は大阪に赴任すると、スーパーマーケットなど量販店を精力的に回った。商品が多く陳列されている店舗ほど好調に売れている実態を見て、「商品を多く置いてもらえさえすれば必ず売れる」と確信する。尾賀はスーパーの冷蔵ケースの陣取り合戦に注力する一方、ポスター、液晶テレビなどを活用したお客に目立つ〝売り場作り〟に精力を注いだ。その結果、支社の売り上げは徐々に伸びた。

販売攻勢は、その後就いた北海道本部流通営業部長のときも推し進めた。創業地で圧倒的強さを誇っていた北海道では、大阪と逆の現象が起きていた。スーパーの冷蔵ケースを他社に奪われ、売れ行きが落ちるケースが多々あった。尾賀は、北海道も安泰ではないと危機感を持ち、商品種類のいっそうの拡充、売り場作りの創意工夫、販売部員の増強など販売攻勢をかけた。

さらに、尾賀はイノベーションを通して企業文化の復活に覚悟を持って臨んだ。営業本部長時代、世界で唯一、自社で育種開発した大麦とホップを用いた国産原料100％ビール「まるごと国産」を開発した。原料は同社が品種開発した埼玉県産大麦麦芽と、北海道富良野産ホップを100％使用した。

尾賀は言う。

「創業以来、原料に徹底してこだわり、大麦やホップの育種や協働契約栽培を通じてビールのおいしさを探究してきた。そして、独自の商品を開発し、ビールの育成ストーリーを伝えようと試みています。サッポロ独自の企業文化を復活させ、競争力を高めていかなければなりません」

今後、尾賀の胆力で、いかに社員が楽しく仕事をするグループ会社に変わるか、注目される。

独自性・継続性・時代性の3要素によるブランド戦略

私は、会社の主役はトップではなく、社員でなければならないと考える。社員が主役になることで

〝社員力〟が発揮され、会社は動くのである。トップの意思が、トップにとどまっている限り、会社は１ミリも動かない。社員に伝わり、社員の意思へと転換され増幅されるからこそ、会社は動くのである。

では、誰がトップの意思を社員に転換させるか――。この転換装置となるのが「№２」。私の言う№２とはヒエラルキー組織の２番目ではない。副社長かもしれないし、部長、課長かもしれない。トップの掲げた経営ビジョンを追求しながら社員の士気を高め、社員に生き甲斐《がい》を与える仕組みを考え、企業が成長を続けていくうえで必要な潜在的エネルギーを引き出す人だ。

尾賀真城も、№２からトップに上り詰めた経営者だ。

尾賀はサッポロビールに入社以来15年間、支店営業、本社営業に携わり、その後、首都圏本部広域流通営業部グループリーダー、ビール事業本部ブランド戦略部グループリーダー、近畿圏本部大阪第１支社長、首都圏本部東京統括支社長、執行役員北海道本部長などを歴任、随所で成果を上げている。

尾賀の特徴は、課題解決に向け率先して行動を起こすことで、社員の士気を高め、組織風土に新風を吹き込んできたことだ。

尾賀が最初に№２的役割を果たすのは、本社営業部のときだ。少しのミスを見つけては注意したり、説教したりすることで有名だった上司の下で、部員はみんな萎縮し、言いたいことも言えない雰囲気だった。そんな閉塞《へいそく》感のある職場に風穴を開けたのがヒラ社員の尾賀だった。尾賀は説教する上司に対して臆せず異見を唱えたり、言い返したりした。やがて上司は口うるさく言わなくなり、部は風通しの良い職場になった。尾賀の率直で誠実で、人間性に溢《あふ》れた人柄が〝部風〟を変えたのである。

尾賀がNo.2として頭角を現したのは、2002年から2年間、ビール事業本部および広域営業本部で、ブランド・グループリーダーとして「ブランド戦略」に携わったときである。

次々と新アイデアを提案する部下に対して「ブランドはお客さまのものでもある。あまりいじくりまわさないことが大事」と指導し、「独自性」「継続性」「時代性」の3つの要素が必要だと、コンセプトと方向性を明示した。例えば「黒ラベル」。何が違うのかという独自性。また一貫しているという継続性。さらに新しいニュースが発信できるという時代性。そのうえで他社商品と比較しながらサッポロブランドを磨いていくことが肝要だと繰り返し伝えた。部員たちはそうした判断基準を前提に戦略を立案する。尾賀は同社のブランド戦略の基礎を築いたといえる。

No.2シップの発揮は、大阪第1支社長時代にも表れている。

関西地方は歴史的に市場シェアが低く、社員は覇気がなかった。尾賀は赴任後直ちに、市場を左右する大手スーパーマーケットを回った。サッポロの商品が山積みされ、冷蔵ケースに数多く置かれている店ほど多く売れている実態を見て、「置いてもらえれば必ず売れる」と確信。自ら店回りし、販売交渉を主導した。キャンペーン企画、売れる売り場作りを提案し続けると、次第に商品を販売してくれる店が増え、売り上げは伸びた。社員の表情は明るくなり、支社に活気が出てきた。

その後、尾賀は首都圏本部東京統括支社長、執行役員北海道本部長、取締役兼常務執行役員営業本部長を歴任し、サッポロビール社を支えた。

そんな尾賀が現在、繰り返し唱えているのは、「社員が生き生きと仕事をする会社にしたい」である。尾賀が語る。

「ビール会社というのはお客さまに喜んでもらい、楽しんでもらわなければならない、いわば〝人気商売〟。だからこそ社員皆が楽しんで仕事をする会社でなければならない。元気印の人を持ち上げたり、前に出すことが大事です」

今後、いかに〝社員力〟を発揮させる企業グループにしていくか。尾賀の〝No.２育て〟から目が離せない。

世界に広がる酒・食・飲で個性輝くブランドカンパニーを目指す

私は拙著『「使命感」が人を動かす』（集英社インターナショナル）で、持続的に成長している企業の経営者は必ず、強い使命感を持ち、それに支えられた情熱を持っていると書いた。

では、使命感はどこから生まれるのか。創業経営者・オーナー経営者は、創業時からすでに「夢」や「志」を内在させており、使命感とワンセットになっている。また、意思決定の責任の所在が自分にあることから生まれる。決めるべき人はオーナーで、責任を取るべき人もオーナーであるからだ。一方、サラリーマン経営者の場合、使命感は「世のため、人のため」「顧客のために尽くす」という思想からくる。

尾賀真城も、「世のため、人のため」という企業文化を継承し、埋め込むことを自らの使命感とする。「世界に広がる『酒』『食』『飲』で個性輝くブランドカンパニーを目指す」というグループビジョンを自分の言葉で繰り返し語り、「新たな価値の創造で、お客さまのより豊かな生活に貢献」「お客さま同士のコミュニケーション活性化に役立つ商品・サービスを提供」などの行動指針を何度も言葉に出して伝え続けるのも、社員に対し「〝やるべきこと〟と〝やめること〟を明確に」「自ら変える」など意識改革の必要性を訴えるのも、全て使命感からだ。

使命感の強さは「社会のため」＝「顧客第一主義」を経営の基本としていることからも頷《うなず》ける。

企業にとって「世のため、人のため」の仕事とは、自社の製品やサービスを顧客に提供することを通じた世の中、社会への継続的な貢献だ。そのためにはまず、必要な利益を取ることが絶対条件となる。

その点、尾賀は、利益は目的ではなく、手段として必要と説く。「商品・サービスが先、利益は後」。つまり、顧客が満足する商品・サービスを提供すれば利益は自然とついてくると考える。

そんな尾賀が現在腐心しているのが祖業のビール復活への取り組みだ。代表例がサッポロホールディングス（ＳＨ）の組織再編。ＳＨが担当してきた海外事業を事業会社に全て移管し、事業の国内外一体化を実現。さらに事業推進機能も事業会社に移管した。つまり、酒類はサッポロビール、食料・飲料はポッカサッポロフード＆ビバレッジとサッポログループ食品、不動産はサッポロ不動産開発といった具合に、事業は全て事業会社が担う組織体制へと変革させた。

一方、尾賀はＳＨを極小化し、企業統治、事業会社支援などを引き受け、事業会社が事業そのものに集中できる環境を作る役割に特化させた。現場に人が行き渡り、機能する会社にするのが狙い。行き過ぎた持ち株会社制の是正ともいえる。尾賀が言う。

「当社のような小規模な海外事業は国内酒類事業を担当する事業会社が一気通貫でやるほうが効率はいい。しかも現在、買収したカナダ３位のビール会社が同国でシェアを伸ばし、米国でも当社製品の販売が好調に推移している。そうした明るい話題を共有することで、社員の士気は一層高まっています」

もう1つ、尾賀が一貫して訴え続けているのは、イノベーションの追求だ。サッポロビールは日本最初のビール製造会社。創業以来、北海道に自社で大麦、ホップを育種、栽培し、独自の原料を開発するなどイノベーションに力を入れている。

代表例として、業界に先駆けて商品化した発泡酒と新ジャンルなどがある。１９９５年に発泡酒「ザ・ドラフティ」、２００４年には新ジャンル「ドラフトワン」、さらに20年には自社開発のホップを使ったビール「ＳＯＲＡＣＨＩ（ソラチ）１９８４」を売り出している。

そうしたモノ作り文化の火を絶やさないことが、理念の継承につながると考える。尾賀は言う。

「世界で唯一、大麦とホップを育種し、協働契約栽培しているサッポロならではの、ビール造りや、ビールの奥深さを伝え、明るく楽しい場を消費者に提供していく。こうした創業理念を継承することが私の使命です」

尾賀の〝サッポロビール再浮上〟への挑戦は続く。

第8章　楽しい百貨店の復活へ全力で挑む

髙島屋社長　村田善郎

労働組合の立場から社会をサステナブルにしていく

企業を成長させている経営者の中には、傍流体験を有する経営者が多い。海外や子会社、周辺の部署で苦労した人、あるいは転職した人。これらの人は、既存の事業に対し、しがらみがないため、思い切った決断ができるという面がある。また、外から客観的に会社を眺めているため、会社の事実を冷静に認識し、改革しなければならない不合理な点をよく見出せる。本社の主流を歩み、順調に出世してきた人よりは、改革を成功させている場合が多い。

村田　善郎（むらた　よしお）
1961年、東京都生まれ。慶應義塾大学法学部卒業後、1985年に髙島屋に入社。2012年に一橋大学大学院国際企業戦略研究科修士課程を修了。ドイツ・デュッセルドルフ駐在、労働組合委員長、柏店長、総務本部長、企画本部長などを歴任し、海外店舗開発などを指揮。2019年に社長就任。髙島屋グループ総合戦略「まちづくり」の下、百貨店を核とした次世代商業施設の開発・運営にグループ一体となって取り組む。

その点、村田《むらた》善郎《よしお》（61）は傍流体験組。長年労働組合から客観的に会社を眺められる機会を得ているため、本社にいたら不思議には感じなかったであろう不合理性を直観した。

ベトナム・ハノイ市不動産事業への参画、上海高島屋の閉店中止、米子《よなご》高島屋の全株式を現地企業に譲渡、ファイナンシャルサービス事業開始、構造改革……いずれも15年間の労組活動という傍流体験が生きていたからこそ実現した実績だ。

村田は1985年（昭和60年）、慶應義塾大学法学部を卒業後、高島屋に入社。日本橋店（東京都中央区）を振り出しに、労組専従、ドイツ・デュッセルドルフ駐在員、労組専従、柏店（千葉県柏市）店長、執行役員総務本部副本部長、常務取締役企画本部副本部長、常務取締役総務本部長、常務取締役企画本部長などを歴任。

重要なのは、村田が髙島屋で実力をいかんなく発揮するのは、２回目の労組専従後であることだ。

村田は１９８８年からの２年間と、98年（平成10年）からの13年間の２度労組専従となる。98年、髙島屋労組中央専従（経営対策担当）、２０００年、商業労連（日本商業労働組合連合会）産業政策局長、03年、髙島屋労組中央書記長、05年中央副委員長、そして07年からの４年間、中央委員長を歴任。その間、一貫して社会環境変化に対応した労組活動を主導した。

こうした労組での経験が村田のビジネスの原点となり、〝企業観〟を培うベースとなっている。

村田が労組で活躍するのは上部団体「商業労連」産業政策局長のときだ。当時、バブル崩壊後の「平成不況」で消費環境は大きく変化。特に地方経済は疲弊し、経営危機に陥る地方百貨店が続出した。村田は全国の百貨店の経営状況をチェックし、従業員を守ることに全力投球する。

心を痛めたのは、破綻企業の中に従業員に退職金を支払わない企業が相次いで出現していたことだ。普通なら退職金をある程度は残しておくが、地方百貨店にはオーナー経営者が多く、彼らは「まだ大丈夫だ」と頑張り続け、結局退職金も支払えなくなり、仕方なく夜逃げ同然でいなくなるという事例もあった。そこで以前、経営対策担当として企業の財務や支払い能力を研究していた村田は「退職金だけは残してください」とキャッシュフローの重要性を説いて回った。

こうした村田率いる産業政策局の経営指導により、全国の多くの百貨店従業員が救われた。

さらに特筆すべきは２００６年、村田が中央副委員長時代に、「ＵＳＲ（労働組合の社会的責任）」という先進的政策を打ち出したことだ。

社会をサステナブルなものにしていくためには、「環境」「人権」「労働」といった社会的課題を社会の持続可能性という観点から解決していくことが求められている。それに対し労組は何を成すべきかをまとめた画期的政策だった。

会社も労組も社会的責任を果たす。それを労使が協約を結んで社会に宣言することにより、従業員にとっても誇りある企業を作っていくことを決めたのだ。

それが２００８年、村田が中央委員長のときに発表した髙島屋と髙島屋労組、ＪＳＤ（日本サービス・流通労働組合連合）、ＵＮＩ（国際産業別労組）の４者が協約を結ぶ「グローバル枠組み協定」の実現につながっていく。協定では環境・人権・労働の３つの領域にわたり、ＵＮＩのネットワークを生かし、各国で働く人々の権利を守りながら、社会の期待に応える企業づくり・店づくりを進めていくことをうたっている。

この協定は日本企業の労使としては初めてのことだった。村田は〝労働組合視点〟で百貨店経営の将来を見据えていた。

何のためにこの会社があるのかと問い続ける

私は拙著『続く会社、続かない会社は№２で決まる』（講談社＋α新書）で、会社を変えるのは№２だと書いた。私がいう№２とは、役職やポジションの「２番目」ではない。肩書は副社長かもしれないし、中間管理職の中から出てくるかもしれない。№２はトップに意見を具申する参謀であり、ビジョンの具現化を補佐する役割を担う。

また、トップと現場をつなぎ、社員の自発性を引き出し、モチベーションを高め、自由闊達《かったつ》な企業風土に変えていく世話役でもある。№２に必要なのは知識やテクニックではない。会社の存在意義とは何か、仕事を通じて社会をどう変えたいのかという明確な「使命感」だ。権威主義・教条主義に囚われず、何事も客観視できる冷静さと問題意識、会社を変革することへの情熱を持っているか否かだ。

村田善郎も№２の役割を果たしてきた。

１９８５年、高島屋に入社した村田は、デュッセルドルフ駐在員、新宿店家庭用品部セールスマネージャー、労働組合中央委員長、柏店長、執行役員総務本部副本部長、常務取締役企画本部副本部長などを歴任。随所で№２シップを発揮している。

村田の特徴は常に仕事の本質は何か、自分の役割は何かという「Ｗｈａｔ」に対する答えを追求してきた点だ。「何のために、この会社があるのか」という本質論抜きに「Ｈｏｗ　ｔｏ」を議論したところで意味がないと考えてきた。さらに「チームワーク」至上主義者である。メンバーが協力し合いながら共通の目的を遂行するというやり方を貫いた。

村田が最初に№2的役割を果たすのは２００３年、労組中央書記長のときだった。それまで労働者を守ることに精力を注いできた村田は、労組が本質的使命を果たすためには経営に要求するだけでなく、自ら自己革新を行い、経営力強化ということまで考えなければいけないという結論に至る。

そして、中央書記長になると、村田は直ちに新運動方針を策定。――組合員は自分たちの立場から企業をどう強化していくかというところまで考え、経営に求めるべきは求め、自ら変えるべきは変える。つまり、参画意識を持ち、主体的に会社を変えていく実行者になることが不可欠だと強く訴えた。

それを機に組合員一人ひとりが商品力の強化やサービスの向上、職場改善について考え、行動するようになった。

村田が№２シップをフルに発揮するのは、２０１１年から2年間務めた柏店長のときだ。

村田は従業員が生き生きと笑顔で客と接する髙島屋モデルとなるべく「柏モデル」を目指す。折しも東日本大震災直後で、明るい雰囲気の店づくりに腐心した。

まず取り組んだのはオリジナル商品「柏イズム」の開発だ。商品は顧客の声を反映した婦人帽子。女性社員の提案アイデアを具現化したもので、郊外店初の挑戦だった。

村田は自らロゴのデザインを作成し、商品化に向け本社との交渉などを買って出た。結果、柏イズムは大ヒット。その後、大宮店（さいたま市）、高崎店（群馬県高崎市）などの郊外店もコンセプトを導入、独自商品を展開する。店舗活性化の〝モデル〟となる。

さらに村田は２０１２年8月、地域を活性化させる大規模街コンを開催。独身男女が浴衣姿で柏店のビアガーデンを含む13店の飲食店で出会いを楽しめるイベントは２００人が参加し、大盛況となった。また、村田は「柏まつり」に髙島屋チームの一員として自ら進んで踊った。髙島屋の店長としては初めてのことだった。そのほかにも、被災地復興のため「岩手物産展」を催したり、次々と新しいことに挑戦した。

こうした柏モデルの奏功により、柏店は業績が向上した。

その後、村田は、執行役員総務本部副本部長兼総務部長兼賃料管理室長に就任。とりわけ2年間担当した賃料管理は「経営課題。経営そのもの」と捉え、〝改善交渉〟で能力を発揮する。

以降、村田は、常務取締役企画本部副本部長兼経営戦略部長兼ＩＴ推進室担当などを歴任、№２として社長の木本茂（現・東神開発会長）の推進する経営改革を補佐した。

百貨店は伝え手だという発想の原点

私は成功する企業経営者には「幸運思考」があると考えている。「運」というのは、「私は運が良い」と思う人につき、「運が悪い」と思う人にはつかないようだ。現に、成功する経営者の多くが「自分は運に恵まれた」と語っている。

彼らに共通するのは、逆境でも「運が良い」と思えることだ。人は誰しも同じような体験をし、同じような経験をする。それに対して「運が良かった」と思えるような人が成功している。どんな辛い経験をも、学習であり、自己鍛錬であり、試練だと思える。そんな「幸運思考」の人が「成功者」になっているようだ。

村田善郎はどうか。大学卒業後、興味のあった流通業の高島屋に入社できたことに始まり、日本橋店（東京都中央区）食料品売り場を振り出しに、労働組合専従、ドイツ・デュッセルドルフ駐在、労働組合中央委員長、柏店（千葉県柏市）店長、執行役員総務本部副本部長などを歴任し、高島屋の経営を任されたことに至るまで、ずっと運が良かったと考える。村田が、何事もあきらめないのも、粘り強いのも、学び心が旺盛なのも、基本的に「幸運思考」であるからだ。

とりわけ、重要なのは「仕事は全て勉強」「会う人、全て勉強」と思えること、すなわち学び心が旺盛なことだ。途中でうまくいかず、挫折《ざせつ》感に苛《さいな》まれても、挫《くじ》けないで、目的達成へ向け学び取り続けることができるかどうか。これが成功と失敗の分かれ目となる。

その点、村田自身、「学び取る人」を地で行くようなビジネス人生を送ってきた。

まず、入社後３年間携わった日本橋店食料品売り場では主に、配送センターでの洋酒の配送作業を担当。中元歳暮の時期になると、約３００人の学生アルバイトを管理し、配送作業を行う。このとき、村田は会社がなぜ回っているのかを体感する。日の当たらない部署から日の当たる部署を見る目を養い、物事を複眼で見ることの大切さを学んだ。

また、最初の労働組合専従のときには粘り強さを発揮する。

当時の労組の課題はパート社員、契約社員などの非正規社員を取り込む〝組織化〟にあった。村田は現場を精力的に回り、労働環境・条件などの悩みを聞き、執行部に伝え、会社に要望する、いわば現場とのパイプ役を務めた。一方、毎日のようにビラを書き、社員に配る。村田は労組の使命を体得しただけでなく、労組視点で自社を眺めるようになった。

さらに４年半駐在したデュッセルドルフでは、クラフトマンシップ（職人気質）を大事にするドイツの「モノ作り文化」を学んだ。

ドイツでは家庭用品ならフランクフルト、スポーツ用品ならミュンヘン、食材ならニュルンベルクと、カテゴリーごとに優れたサプライヤーが各都市に分散している。村田は各地の見本市を回り、日本で売られていない卓越した商品を発掘することに熱中。同時に商品の価値や〝作り手〟の思いに興味を持ち、そのストーリーを研究した。

村田が唱える、百貨店は商品の歴史や背景、作り手の思いを伝えることが必要という「百貨店は〝伝え手〟」論の発想の原点はこのドイツ体験にある。

もう1つ、学び心を象徴するエピソードに、村田が労組経営対策担当として主導した、資金の動きを示す「手作りキャッシュフロー計算書」の作成がある。

当初、村田は、損益計算書はもちろん、貸借対照表、キャッシュフロー計算書も読み込み、どう経営に反映させるべきかを徹底的に学ぶ。そして、労組の顧問会計士と一緒に企業の財務状況、支払い能力などを研究し、「キャッシュフロー計算書」を作成するのだ。

村田は全国の地方百貨店を回り、経営者に「キャッシュフロー経営」の重要性を説くための〝武器〟としてそれを活用した。組合員を守り抜くという強い使命感が村田の学び心を一層刺激したのである。

その後も村田は労組の書記長、副委員長、委員長時代を通して、労組の立場から強い経営とは何かを追求し続けた。

組合自らも自己革新を行うことからのエクスパティーズ《専門分野》づくり

なぜ、成功する企業とそうでない企業に分かれるのか、成長し続ける企業と一代で霧散する企業とに分かれるのか——私の長年の疑問であり、追い求めてきた1つの大きなテーマである。

その中で見えてきたのは、企業の競争力は経営トップの戦略策定能力、その実行力、そして役員クラス・管理職の生産性の問題など「経営能力による競争力」が極めて重要ということだ。

では、経営能力はどうやって培われるか。それは何をエクスパティーズ（専門分野）とし、どんな実績を積み上げ、いかに出世してきたかをみればおのずと知れる。

その点、村田善郎はどうか。入社以来2回にわたり合計15年間労働組合専従となる。2回目のときは、上部団体「日本商業労連」産業政策局長、労組中央書記長、中央副委員長、中央委員長を歴任。

その間、村田が培ったのは一にも二にも、交渉の仕事、つまり〝交渉力〟であった。

交渉力とは自分と相手の意見・主張を調整し、合意を得るまでの相手を納得させるコミュニケーション力。相手の心を動かすには、相手のメリットや立場、心情を理解し、より良い人間関係を構築することが必要だ。

村田が髙島屋の経営幹部として活躍するのは、中央委員長後に赴任した柏店長以降だ。執行役員総務本部副本部長、常務取締役企画本部副本部長、同総務本部長と、トントン拍子に出世、最後は代表取締役にまで上り詰める。労組で培った〝交渉力〟をフルに発揮し続けた結果である。

労組時代、村田はまず、日本商業労連産業政策局長として、経営不振に陥った全国の百貨店経営者に従業員への退職金支払いの実行を要求。交渉の際、村田はただ要求するだけでなく、相手の立場に立って経営改善を提案。それにより、多くの百貨店で退職金が支払われ、仲間を助けることができた。

また、中央書記長時代には、「組合自ら自己革新を行う」という新運動方針を策定した。企業を強くするため、組合員一人ひとりが主体的に会社を変えていく実行者になろうと訴えた。そして、労使協議の場となる中央経営協議会で従業員の意識革新による活性化策を提言。社長の鈴木弘治（現・会長）をうならせた。

さらに村田は中央副委員長時代、「ＵＳＲ」（労働組合の社会的貢献）という日本最初の先進的政策を提唱する。これに対し労組も重要なステークホルダーと位置付けていた経営側は賛同した。

その後も村田は、総務本部副本部長時代には兼任する賃料管理室長として交渉力を発揮する。賃料管理室の主な役割は賃料の適正化。賃料の増減が会社の利益に直結するものであるだけに、賃貸物件にかかるコストを経営全体の中でどのように管理していくかを戦略的に進めることが重要だ。

当時、髙島屋は５つある大型店のうち大阪店、横浜店、京都店、新宿店（２０１７年取得）が賃貸。それだけに賃料適正化は大きな経営課題だった。村田は交渉で成果を上げた。特に賃貸負担が大きい新宿店の交渉では、土地取得に至るまでの全過程で指揮を執るなど利益の最大化を追求した。

さらに村田は兼務していたアジア開発室長として、ベトナム、タイの現地資本との出店交渉を指揮、海外２店舗を開業させた。

村田がいかに交渉力を発揮し続けたかは、担当本部が総務本部副本部長から２年後に企画本部副本部長に変わっても、賃料管理室長の役職はそのままついて回っていることからも頷《うなず》ける。

そうした村田は、筋道を立てて物事を考える論理的思考の持ち主だが、親分肌で、部下や取引先の人を思いやる、優しさをも併せ持つ。例えば——。

柏店長のときには東日本大震災で被災した岩手県の人たちを励ますため、いち早く「岩手物産展」を開催。また常務時代には海外で合弁先との交渉に当たっていた部下の母親が危篤と聞くと、仕事続行を言い張る部下を〝常務命令〟で即帰国させた。さらに社長就任後も、柏店長時代に付き合いのあった取引先担当者の訃報に接すると、社を１人抜け出して葬儀に参列した。

論理的思考と人情厚き親分肌。村田の真のエクスパティーズと言える。

「非効率の効率」でワクワクする百貨店を取り戻す

私は拙著『「使命感」が人を動かす』(集英社インターナショナル)で、企業が続いているということは、実はそれだけで成功だと思うようになったと書いた。継続するには、昨日と同じではいけない。過去の成功体験を否定し、会社の在《あ》り方を否定する。変化するビジネスシーンにおいて、変わり続けない限り継続はできない。それはつまり、過去、常識、慣習を覆し、イノベーションを継続して行うことに他ならない。それができる人材こそ「経営者」であり、その源は「胆力」にあると私は考える。

その点、村田善郎はどうか。社長に就任すると、「お客様がワクワクする楽しい百貨店を取り戻す」と宣言。以来、生き残りをかけた次世代型百貨店モデルの構築に挑戦している。

村田の言う「楽しい百貨店」とは何か——。顧客の知的好奇心を刺激する文化催や企画展があり、顧客が新たな発見をし、感動する商品を魅力的な自主編集売り場にそろえ、販売員が商品の価値や歴史などストーリーを語る、いわば顧客の〝知的要求〟をも満たす百貨店だ。村田が言う。

「われわれは『非効率の効率』ということを言っています。売り場の効率を追い求めて、確実に売れるもの、利益を得やすいものだけを並べていたら、売り場がつまらなくなる。例えば、家具などリビング用品や食品などの売り場はあまり儲からない。だけど、そういう非効率な売り場が実は面白くてお客さまに来ていただける」

「髙島屋を光り輝くブランドにする」――村田が推し進める全ての経営戦略の基点になっている〝確信〟である。

例えば、まちづくり戦略。髙島屋は日本橋髙島屋Ｓ．Ｃ．（ショッピングセンター、東京都中央区）など、店舗所在地域の特性に応じた「まちづくり」を展開している。髙島屋のまちづくりには「街のアンカー（錨）としての役割発揮」と「館の魅力最大化」の2つの考え方がある。

1つは髙島屋がアンカーとなって街全体の人の流れをつくること。日本橋髙島屋Ｓ．Ｃ．の場合、室町から日本橋、京橋、銀座という人の流れを生み、さらに豊洲《とよす》（同江東区）から若い世代層を引き寄せている。

もう1つは日本橋髙島屋Ｓ．Ｃ．という館内の魅力化。本館、新館など4館を従来の髙島屋の顧客と、次世代の顧客が買い回る。魅力化のため、専門店、レストランなど髙島屋グループの様々な経営資源を組み合わせているが、その中核となるのは百貨店の髙島屋。それだけに髙島屋というブランドを磨き上げなければならない。髙島屋ブランドが輝けば、グループ企業や取引先、地域社会などとのシナジーが強化され、館の街が一層活性化すると村田は考える。

また、人材育成も、ワクワク感を創出する百貨店の実現を究極の目的とする。かつて百貨店が商品を仕入れて売り切る「買い取り」モデル全盛時代には目利きのできるバイヤーが多く育った。しかし、商品の仕入れ、販売を取引先側に委ねる「消化仕入れ」が主になると目利き能力のあるバイヤーが激減。そこで村田はお客さまの潜在ニーズに対応できる品揃えを具現化するためには、目利きができる能力のある人材を早急に育てなければならないと対策を急ぐ。

村田改革で特筆すべきは、組織機構改革の「形」から入るのではなく、社員の意識改革――すなわち社員が自分の頭で考えて、自分の責任で実行するという意識への転換――をもって百貨店を変えようとしていることだ。百貨店を再生するためには、全売り上げの7割を占める「消化仕入れ」の形態部分を顧客基点で変えていく必要がある。それには仕入れ先との関係をどう再構築し、いかにウィンウィンの関係を築き、独自の品揃えと自主編集売り場を含めた魅力的な売り場を作っていけるかがキーポイントになる。それだけに村田は、顧客の声を聞くことは全ての仕事の起点になると説く。

さらに村田は、商品の仕入れから販売までを自社運営する、自主編集売り場の強化にも力を注いでいる。

村田は全社挙げての「百貨店復活」に全力で挑む。

出店地域の特性に応じる23通りのまちづくり

持続的成長を遂げている企業の経営者は必ず、強い「使命感」を持ち、それに支えられた情熱を持っている。

では、使命感とは何か。「世のため、人のため」「顧客に尽くす」という思想からくる思いだと言える。オーナー経営者の場合、意思決定の責任の所在が自分にあることから生まれる。決めるべき人はオーナーで、責任を取るべき人もオーナーであるからだ。一方、サラリーマン経営者の場合、使命感は自社に埋め込まれた「世の中、社会のため」という企業文化から生じる。

その点、村田善郎は、「世のため、人のため」という創業以来の企業文化を継承するという使命感を持つ。村田が経営理念「いつも、人から。」に基づき、自社で働く全ての人が働き甲斐《がい》を感じ、生き生きと仕事に従事できる企業を目指すのも、理念の実現に向け「心に残るおもてなし」「新たな生活・文化の創造」「地域社会づくり」などの指針を語るのも、「百貨店を核としたまちづくり」に長期的視点で取り組むのも、全て使命感からである。

企業にとって「世のため、人のため」の仕事とは、自社の製品やサービスを顧客に提供することを通じた社会への継続的な貢献である。そのためにはまず、必要な利益を取ることが絶対条件となる。従業員の生活の安定、株主への利益の還元、社会への貢献、先行投資の4つの企業の使命を全うするためには、利益を上げることが不可欠だからだ。

村田は「企業とは利益を上げることを通じて長期にわたり社会に貢献することを目的とする組織」という企業観を持つ。そして利益は目的ではなく、手段として必要と考える。

「商品・サービス提供が先、利益は後」、つまり、社会に役立ち、顧客の好奇心や知的要求を満たす商品やサービスを提供すれば、利益は自然とついてくると考えるのだ。

それだけに村田は将来を見通した長期的視点での事業展開に腐心する。例えば「まちづくり」。現在、髙島屋グループは合計23店（国内18、海外5）を展開、出店地域の特性に応じた23通りのまちづくりを進めている。それをいかに長期的視野で捉えているかは、日本初の本格的な郊外型ショッピングセンターである玉川髙島屋S.C.が開業53年、海外出店の成功モデルとなっているシンガポール髙島屋が開業29年を迎えていることからも頷ける。

利益創出は事業育成の結果であることは、現在大きな利益を上げているシンガポール髙島屋で証明されている。その他、海外には上海、ベトナム、タイに進出するが、ベトナムと上海は2019年度に単年度黒字化を達成。タイも近い将来黒字化を見込む。

長期的視野での経営となると、トップには使命感と胆力が求められる。村田の場合、上海高島屋の撤退を決意したときと、その撤退を撤回したときに胆力を発揮した。

上海高島屋は２０１２年開業以来７年間赤字が続いた。原因は競争激化や隣地商業開発の遅延と変更にあった。村田は社長就任前から家主との賃料交渉、行政の支援や周辺開発、交通アクセスなど多岐にわたって事業継続の可能性を探るべくいろいろな相手と交渉を重ねてきた。しかし、状況は変わらず、黒字化のメドが立たないと判断、19年６月、断腸の思いで撤退すると発表した。

そもそも村田は上海出店を中国マーケットにおける「橋頭堡《きょうとうほ》」と位置付け、市場を拡大させる考えだった。それだけに撤退の決断は覚悟を要した。

では村田が撤退を撤回したのはなぜか。閉鎖を発表するや地元の顧客をはじめ、テナントや取引先から一斉に「撤退させないでほしい」という声が上がる。それは日増しに強まり、やがて行政レベルに至るまでの大きなうねりとなっていった。

そして事業終了予定の同年8月、事態は急転直下。家主からの支援や上海市の協力が得られることになり、事業採算性が高まるメドが立ったため、営業を継続することを決定したのである。

今後も創業理念の継承を自らの使命とする村田の覚悟と確信の経営に注目したい。

第9章　No.1で存続するためには何が必要か

日本生命社長　清水博

変化を取り込みニーズに応えているかどうかの危機感を持つ

成長する企業の経営者に共通するのは、好不況に、成果の良し悪しにかかわらず、常に危機感を抱いていることだ。危機感はもちろん、目先の業績の良し悪しというような小さなものではない。先の見えない、「カオス（混沌《こんとん》）時代」の今、根本的な産業構造の大転換に放り込まれ、答えがない中で、次なるビジネススタンダードでは自社の存続が根本から危うくなる可能性を間近に感じての危機感だ。今期を乗り切るのではなく、5年後、10年後、存続するためには何が必要か――。見つめるのはその

１点。そんな大きな問題意識を抱きながら今日という１日のマネジメントに挑み続ける。

日本生命社長の清水博《しみずひろし》（62）も、常に危機感を持ち、社内の危機意識の醸成に心を砕いている。

日本生命は保険料等収入５兆１９０１億円、基礎利益６８９９億円（２０２０年〔令和２年〕度連結決算）で、いずれも生保首位。

しかし清水は、生保№１の実績に安穏としていない。長期的発展に向けた新しい方向性を見出していかなければ、企業は存続しないという危機感を持つ。そのため、常に会社の有する問題を社員が顕在化させ、全社員で共有することに力を注ぐ。それは２０１８（平成30年）年４月社長就任以降、手掛けてきた販売・サービス強化、商品戦略、業務・事業改革、グループ経営推進に表れている。

清水　博（しみず　ひろし）
1961年、徳島県生まれ。京都大学理学部卒業後、1983年に日本生命保険に入社。主計、経営企画、資産運用統括等を経て、2018年に日本生命保険の社長に就任。グループ事業統括本部長も兼務し、グループ全体の舵取りも担う。国内に約1700人しかいない、保険の商品設計を担う専門職、アクチュアリー（保険数理士）の資格を持つ。成長し続ける事業基盤を作り、揺るぎないマーケットリーダーに成ることを目指し、陣頭指揮を執る。

具体的には――。多様化するニーズに対応するため、乗合代理店チャネルで商品を提供する「はなさく生命」を開業、日本生命、大樹生命（旧三井生命）、ニッセイ・ウェルス生命の4社体制を構築。また、デジタル5カ年計画「Ｎｅｘｔ Ｖａｌｕｅプロジェクト」を開始、デジタル化と先端ＩＴ活用を加速し、既存業務の効率化や、既存市場への新しいアプローチの追求に加え、新しいビジネスモデルの創出にも取り組む。

さらに新規事業開発体制を強化する組織として「イノベーション開発室」を設置。２０２０年4月には新ビジネスを創出するオープンイノベーション拠点として「Ｎｉｐｐｏｎ Ｌｉｆｅ Ｘ」（ＮＬＸと略）を開設し、グローバル4極（東京・米国シリコンバレー・ロンドン・北京）にアライアンスネットワークを拡大して先進技術等の情報収集や人材交流を促進することで、新規事業開発のさらなる発展を図る。

現在清水が抱く危機感は、大きく変化している顧客の意識と行動様式に自社の商品・サービスが対応できているかという点。

かつては営業職員が顧客を訪問して保険を勧め、加入してもらっていた。しかし、現在では顧客自らが金融機関や乗合代理店へ出向いて、各社の商品を比較し、選択するといったように、能動的に行動する顧客が増えてきている。そうした顧客の変化に対し、自社の営業職員、代理店チャネルは対応できているか。つまり、変化を取り込み、顧客ニーズに応えているかどうかという点に強い危機感を持つ。

そのため、清水は社内に危機感を植え付けていくことに腐心している。

例えば、全国にいる支社長との車座ミーティングでは「良い会社になるためには新たなお客さまを増やしていかなければならない。そのためには変化するお客さまニーズに対応した商品・サービスを提供し続ける必要がある」と繰り返し説く。また、提案や企画案を上げてくる社員に対しては、本気度を厳しく吟味する。

特筆すべきは、清水が自分の役割として将来へ向けての「土壌改良」と「種まき」に力を注いでいることだ。土壌改良とはすなわち、「起業家」の芽を育む企業風土づくり。また、新しい発展の道への種まきとして「イノベーションをどんどんやれ」と社員をけしかけている。

清水がいかに真剣に土壌改良を推進しているかを表すエピソードがある。ある折、イノベーション開発室が「新ビジネスを創出するイノベーション拠点の設置」を提案。清水が「どうつくる」と聞くと、「いろいろアイデア、技術を持っているベンチャー企業などと話し合ってつくります」と資料を提示。清水は「それだけじゃあかん」と叱った。

「生命保険事業というのは国民にとって日々関心のあるものじゃない。埋もれたアイデア、実行したいアイデアは日本生命職員の中にこそある。社内で埋もれているアイデアを掘り起こすことこそが真のイノベーションだ」

こうして前述のNLXは、社外とのオープンイノベーションへの取り組みに加え、社内から新規事業企画の公募を募る「社内起業プロジェクト」も立ち上げた。2020年度には、400件以上のアイデアが集まっているという。

こうした清水の「種まき」活動は自由闊達《かったつ》な企業風土への変革という副産物を生んでいる。

真のお客さま本位の経営を根付かせる

私は成功する企業経営者には「幸運思考」があると考えている。「運」というのは、「私は運が良い」と思う人につき、「運が悪い」と思う人にはつかないようだ。現に、成功する経営者の多くが「自分は運に恵まれた」と語っている。

彼らに共通するのは、逆境でも「運が良い」と思えることだ。人は誰しも同じような体験をし、同じような経験をする。それに対して「運が良かった」と思えるような人が成功している。どんな辛い経験をも、学習であり、自己鍛錬であり、試練だと思える。そんな「幸運思考」の人が「成功者」になっているようだ。

清水博も、「自分は運に恵まれている」と明言する。京都大学理学部を卒業し、アクチュアリー

（保険数理士）として生保最大手の日本生命に入社できたことに始まり、主計部を振り出しに国際投資部、主計部課長、商品開発部長、総合企画部長など歴任し、日本生命の経営を任されたことに至るまでずっと運が良かったと考えている。清水が何事もあきらめないのも、粘り強いのも、学び心が旺盛なのも、基本的に「幸運思考」であるからだ。

清水は京都大学理学部で数学を専攻。大学院に残って研究を続けるつもりだったが、試験に失敗。先輩が多くいる日本生命に入社した。主計部で予算や決算を担当するが、足し算引き算が中心で物足りない。そんな中、アクチュアリー試験に合格する。生保首位の日本生命で仕事ができることに運が良いと思った。

入社5年目、国際投資部で取引事務を一手に担っていた清水は、リスク管理の重要性を痛感した。１９８７年（昭和62年）10月、ニューヨーク株式市場で大暴落が起こる。いわゆる「ブラックマンデー」。その年の5月、日本から海外への金融先物市場への投資が解禁され、清水は発注を含めた事務システムをつくる役を務めた。同社は巨額の外貨資産をヘッジするため先物取引を大きく積み上げた。しかし、取引を増加させたため、事務処理が追い付かない状態が続く。そこへ大暴落が起こり、先物の価格が急落を続け、連日、徹夜で追加の証拠金を計算した。そのとき清水は、リスク管理の重要性を肌で感じた。その後清水は、事務の効率化を図るため、先物取引の事務を改善すべく新システムを導入した。

さらに清水は故宇野郁夫（名誉顧問）、岡本圀衞《くにえ》（相談役）、筒井義信（会長）の歴代社長にアクチュアリーとして直接接する機会に恵まれ、その中で企業観、使命感など多くのことを学ぶ。

清水が国際投資部、主計部に携わっていた折、国際金融本部長、副社長、社長を務めていた宇野から「会社を守る。それがお客さまを守ることになる」と薫陶を受けた。

また、清水はリーマンショック、不払い問題を処理した岡本を、「日本生命に〝真のお客さま本位の経営〟を植え付けた経営者」と捉えている。さらに筒井は旧三井生命（大樹生命）、旧マスミューチュアル生命（ニッセイ・ウェルス生命）との経営統合を実現、グループ戦略を推進した経営者。消費者の行動変化に日本生命グループとしていち早く対応した筒井の慧眼《けいがん》にも学んだ。

清水が鍛えられた直属の上司は、当時総合企画室次長の滝哲郎（専務）と、当時主計部長の加藤貞男（副会長）。

中期経営計画を立てる総合企画室に配属された清水は、主計に4年、資産運用に4年の計8年の経験があれば難なくこなせるだろうと高を括っていた。

そんな清水の鼻をへし折ったのは次長の滝だった。特にきつかったのは、千本ノックのような質問「この課題に関してはどう考えるか」だ。清水はそれに答えられるスキルも知識もないに等しかったが、必死に食らいついていった。

一方、加藤には、清水が予算をつくる主計部会計・業績担当課長のとき、「予算の組み方は１歩２歩先を見てやれ。大事なのはそこから何を読み取れるかだ」と教わった。その言葉は今でも耳朶《じだ》に残っている。

清水は、そうした上司に恵まれた自分は運が良いと思うのである。

不払い問題を転換点にした脱皮

私は拙著『続く会社、続かない会社は№２で決まる』（講談社＋α新書）で、会社を変えるのは「№２」だと考える、と書いた。私がいう№２とは、役職やポジションの「２番目」ではない。肩書は副社長、専務かもしれないし、中間管理職の中から出てくるかもしれない。№２は、トップに意見を具申する参謀であり、ビジョンの具現化を補佐する役割を担う。また、トップと現場をつなぎ、社員の自発性を引き出し、モチベーションを高め、自由闊達な企業風土に変えていく世話役でもある。

№２に必要なのは知識やテクニックではない。会社の存在意義とは何か、仕事を通じて社会をどう変えたいのかという明確な「使命感」だ。何事も客観視できる冷静さと問題意識、会社を変革することへの情熱を持っているか否かだ。それを私は「No.2シップ」と呼ぶ。

清水博も、No.2シップを発揮してきた。

清水は1983年、京都大学理学部を卒業後、アクチュアリー（保険数理士）として日本生命に入社。主計部を振り出しに国際投資部、主計部課長、商品開発部長、主計部長、執行役員総合企画部長などを歴任、随所でNo.2の役割を果たしてきた。

清水のNo.2としての特徴は常に仕事の本質は何か、自分の役割は何かという「What」に対する答えを追求してきたこと。そして常に時代環境の変化を踏まえて先を睨《にら》んだ方針を示し、それを部下に伝え、一緒にやっていくことで、部下のモチベーションを上げてきたことだ。

清水が最初にNo.2的役割を果たすのは、1987年3月から4年間務めた国際投資部時代だ。

配属後まもなく日本から海外への金融先物市場への投資が解禁され、清水は発注を含めた事務システムをつくる役を務めた。当時、先物取引を大きく積み上げ、増加させたため、事務処理が追い付かない状況が生じた。

そこへ大暴落が起こる。「ブラックマンデー」だ。先物の価格が急落を続け、連日、追加の証拠金を計算した。事務職のメンバーから事務処理体制の不備に不満が噴出。清水は事務効率化を図るため、新システムづくりに奔走した。結果、その年度内に新事務システムを導入。それにより、先物取引の事務効率化が具現し、部員のモチベーションは一気に向上した。

清水が次に№２シップを発揮したのは、２００５年から3年間務めた商品開発部長の折だ。課長として着任したときから「商品のあり方」を「お客さま視点」で課員に議論させてきた。

そんな折、生損保業界に激震が走った。「不払い問題」である。

日本生命でも支払い漏れが見つかり、２００６年、業務改善命令が出た。清水は部長として、「保険商品はわかりづらい」「特約が多くて覚えられない」「病気をしても請求できるかわからない」などという顧客の声に真剣に向き合った。そしてまずは不払いの温床となった医療特約の簡素化を実現すべく、６つあった医療特約を1つに統合した新商品「みらいサポート」開発の指揮を執った。

それと並行して、清水は「主契約＋特約」の商品体系の見直しの検討を始める。特約の単品化は以前から議論されていたが、前に進まなかった。

商品改善の議論を押したのは「不払い問題」だった。清水は商品体系・約款体系の抜本的な見直しの議論をスタートした。すると、あらゆる部門から反発の声が上がった。販売の仕組み、事務システム、営業職員の教育など全てを変えなければならなくなるからだ。しかし、清水はそれぞれの部門に足を運び、理解してもらえるまで粘り強く折衝を続けた。

その後、清水は総合企画部長に異動するが、「みらいサポート」（２００８年発売）、主力商品「みらいのカタチ」（12年発売）の誕生は、清水が本格的議論の礎を築いた成果であった。

さらに清水は常務執行役員総合企画部長時代、初の米ドル建て劣後債の発行を皮切りに自己資本を充実させるなど財務基盤の強化に努める。これによりグループ経営の安定化、リスク対応力の強化を図ることができた。

その後清水は取締役常務執行役員、取締役専務執行役員を歴任、No.2として社長の筒井義信（現・会長）を支える。

経営は論理——世の中に納得のいくものが示されなければ

持続的成長を遂げる企業の経営者に共通するのは、論理的であることだ。自分の行った一つひとつの意思決定について論理的に説明ができる。清水博も、論理的思考を身に付けた経営者だ。清水が明言する。

「経営は論理だと思います。論理が通らない経営はどこかで問題が出てくる。しかも、論理は日本生命のためだけの独自の論理であってはいけない。世の中、社会から見たときに、納得のいく論理が示されていなければおかしいと思う」

清水は、常に自社について自分の頭で考え抜き、簡単に議論を断念しない論理性がある。それは形式に囚われず、企業の本質から生命保険、資産運用、商品開発に至るまで事業の本質を、環境変化を踏まえて徹底的に追求し続ける姿勢に表れている。

現在、清水が描く究極的な会社の在《あ》り方は「社会に開かれた会社」である。会社の在り方は、顧客の意識と行動の変化によって変わってくる。会社が独善的に決めるのではなく、消費者が決める。「解」は常に、消費者、顧客に握られていると考える。

そのことは顧客の変化を見れば明白だ。かつては営業職員に勧められて受け身で保険に加入したが、近年は顧客自ら能動的に金融機関で他社と比較をし、自分で判断して保険に入る。それゆえ「顧客に選ばれる、社会に開かれた会社」でなければ発展しないと清水は確信する。

清水が社長就任以来手掛けてきた改革は全て、究極のビジョンの実現へ向け、筋道を立てて考え抜いた、段階的目的を達成するための改革だ。

例えば――。ＡＩによる営業活動の高度化、スマートフォンを通じた保険販売など先端ＩＴ活用を推進する「デジタル５カ年計画」の策定、糖尿病予防プログラムなど「リスクそのものを減らすヘルスケアサービス」の事業化、新規事業創出拠点「Ｎｉｐｐｏｎ　Ｌｉｆｅ　Ｘ」設置など。

中でも２０１９年４月に打ち出した、「デジタル５カ年計画」はその典型例。清水は自ら委員長に就き、デジタル技術を駆使し、業務効率化、新規事業創出、顧客の行動原理や満足度を考えることに率先して取り組んだ。

結果、ＡＩを活用した営業職員のコンサルティング強化やＲＰＡ（ロボットによる業務自動化）導入による効率化などあらゆる領域でＤＸ（デジタルトランスフォーメーション）を推進した。

ここで大事なのは清水の問題意識だ。日本生命は営業職員チャネルを中心としながらも、デジタルを積極的に取り込んで活用する必要がある。清水が言う。

「職員は全員、日常生活ではスマートフォンを使っているはず。ところが、会社に出勤するとパソコンや紙の資料ばかり使ってスマートフォンを使わないことに違和感を抱いていない。日本生命の職員は会社を離れたときと会社にいるときでは、脳の働き方が分断されているのではないか。そのおかしさを感じ、仕事のときにも大いにスマホ、デジタルを使おうよと呼びかけたのです」

清水が現在、繰り返し訴えているのは「お客さまの維持・拡大」だ。なぜか。顧客に開かれた会社にするには顧客ニーズに対応した商品・サービスを提供しなければならない。そのためには一定の利益を上げる必要がある。利益を創出するには顧客の数（新規契約数）を伸ばさなければならない。

つまり、「開かれた会社」にするため当面、新規契約拡大↓利益創出↓商品・サービス拡充↓新規契約拡大という正のスパイラルを起こす戦略を追求する。

清水がそうした論理的思考で企業運営をしているのは２０２１年３月に策定した新中期経営計画の目標を「お客さま数拡大を通じた〝生産の早期回復・向上〟と〝収益力・健全性の向上〟」と設定したことからも頷《うなず》ける。顧客数の拡大を前提としているのだ。

また清水は筋道が通る考え方をすることを社員に求めている。

「仕事というのは理屈が通っていないといけない。私が報告者に、なぜその問題を考えるのか。なぜそれにアプローチをするのかと、提案の背後にある考え方を重視するのは、それを判断の根底に置いているからです」

清水の論理的思考による改革から目が離せない。

問題を解くに当たって十分考えられているかどうかの目を持つ

私は長年、多くの経営トップを見てきて、経営者とは、「経営能力による競争力」を生み出す存在であると考える。経営能力による競争力とは、経営者の戦略策定能力、それを実施する実行力、役員・経営者層に対するマネジメント力である。競争力には他にも「セル方式」など組織やオペレーションの効率による競争力、発明・開発力による競争力があるが、それらは経営者が決断さえすれば改革できる。

成果の良い企業は経営者の経営能力によって競争力が生み出されているケースが多い。アクチュアリー（保険数理士）出身の清水博はどうか。2018年、社長就任以降、販売強化、商品・サービス拡充、業務・事業改革、グループ経営推進など新たな戦略を実行している。顧客対応力強化を図るべく営業職員用スマートフォン、タブレット端末を導入。また、主力商品「みらいのカタチ」に入院・外来手術等に備えた保険「NEWin1」（ニューインワン）、入院に伴う収入減少に備えた「収NEW1」（シュウニューワン）などを加える。さらに、デジタル5カ年計画を推進する一方、ヘルスケアサービスを事業化するなど、新規事業にも取り組んでいる。

また、2021年3月には新中期経営計画を策定。目指す姿は「〝人・サービス・デジタル〟で、お客さまと社会の未来を支え続ける」とし、目標を「お客さま数拡大を通じた〝生産の早期回復・向上〟と〝収益力・健全性の向上〟」と設定。現在全社挙げて計画の実施を進めている。

では、清水の経営手法とは――。まず、企業リーダーとして会社の行く先をはっきり示し、そこに社員たちを導く。社員一人ひとりに自分のビジョンや方向性を伝え、全員がそれを共有できるように、「車座ミーティング」など社員との対話会を頻繁に設けている。その際、清水が心掛けているのは、1人でも多くの社員の声を聞くことだ。

そうした清水の姿勢は社員の意見や提案を吸い上げることで意思決定を下す「ボトムアップ型」の経営方式につながっている。

例えば、ヘルスケア事業、子育て支援・高齢社会対応事業、保険商品の開発などは全て、ボトムアップで決定を下している。

その結果、清水の経営は社員が会社の主役となる「全員参加の経営」と化している。それでは社長の役割は何か。清水は言う。

「日本生命は組織も、人材育成もしっかりしています。ですから、部下に任せても、大きな間違いはせず、進んでいける会社だと思います。ただ、新しい問題が出てきたり、将来新しい方向に向かわなければいけないと判断したとき、問題を解くに当たって十分考えられているかどうかという〝目〟を持つことが必要。それが、私の仕事です」

数理統計学などをもとに死亡率を弾き、保険料算出を行うアクチュアリーの資格を持つ清水は資産運用、主計、商品開発の各部門で実績を上げ、総合企画部長就任以降は経営計画をつくり、それを実行させる責任を担った。

そんな清水がボトムアップに確信を持つようになったきっかけは、東日本大震災のときに見た従業員の姿だった。

当時、執行役員総合企画部長として会社全体の陣頭指揮を担っていた清水は、計画達成を目指して、「もっと頑張ってもらわなければいけない」という心持ちで従業員を見ていた。

そんな折、東日本大震災が起きた。関東地方でも、各地で大きな被害が出ていただけに、3日後の週明けの月曜日には、東京本部に出社する社員は3割くらいだろうと、清水はみていた。

ところが、当日、本部社員の9割以上が出社した。そのとき、清水は「従業員たちを見くびっていた」と反省した。社員たちは自らの家屋などが被災しているにもかかわらず、顧客や仕事に対する責任感から出社している。社員の持つ仕事への強い責任感と、会社への高いロイヤルティ（忠誠心）に感動した。

それを機に、清水の社員への信頼は確固たるものに変わる。

以来、清水は社員の持つ使命感、それに支えられた人間としての情熱を確信し、ボトムアップを実践している。

誰一人取り残さない社会づくりに役立つ会社に

持続的成長を遂げる企業の経営者には、「利益を上げることを通じて長期的に社会に貢献することを目的とする組織」という企業観がある。企業の社会貢献とは、価値ある商品やサービスを顧客に提供することを通じた世の中、社会への貢献だ。価値創造なくしては、企業は持続できない。顧客にとっての付加価値を提供することが会社の存在意義だからである。顧客に評価される企業は生き残る。つまり、持続する企業は「世のため、人のため」という企業文化を醸成しているのだ。

清水博も、創業（１８８９年（明治22年））以来、歴代の社長が企業に埋め込んできた「世の中、社会のために仕事をする」という使命感の企業文化を継続させようとしている。それは社長就任以降、顧客に商品・サービス、事業で付加価値を持続的に提供することに腐心していることからも頷ける。例えば、主力商品「みらいのカタチ」のラインナップ拡充――。入院・外来手術等に備えた保険「ＮＥＷｉｎ１」、入院に伴う収入減に備えた保険「収ＮＥＷ１」、認知症保障保険など新開発商品を加え、ヒットさせている。

また、企業・団体向けに、健康診断結果の分析を通じた課題抽出・分析等のレポートを提供する健康増進コンサルティングサービスなどヘルスケア事業に注力。さらに、子育て支援事業、シニア向け高齢社会対応事業など社会課題解決のための事業に着手する。

その他にも清水は、乗合代理店チャネルで商品を提供する「はなさく生命」を開業、日本生命、大樹生命、ニッセイ・ウェルネス生命との4社体制を新たに構築。また、２０２１年4月には少額短期保険会社の準備会社を設立。グループ一体化でマーケットを開拓し、新規市場へ進出する。

そうした結果、お客さま数、保有年換算保険料、自己資本は前中期経営計画の目標を達成。２０２１年からの新中期経営計画では、お客さま数１４９０万人、基礎利益６０００億円、保有年換算保険料4・55兆円、自己資本9兆円を目標に掲げる。いずれも生保№１の数字だ。

清水は〝№１〟にこだわる。

「日本生命は創業11年目の１８９９年から１２０年以上にわたり保有契約高でトップを守ってきている。そこから職員たちの自分たちこそ生命保険事業を引っ張っているんだという気概と誇りが生まれている。自社のことだけでなく、業界全体の発展を考えているところがトップを保持する１つの鍵ではないかと思います」

清水は常に、「わが社の現場の営業職員、拠点長、支社長の使命感には頭が下がる」と口にする。東日本大震災のとき、現地の営業職員は自らが被災し、中には身内を亡くした人もいた。そんな大変な状況の中でも、職員たちはお客さまに一刻も早く安心を届けなければならないという使命感に駆られ、自らの避難所から出発して、各避難所にいるお客さまを探して、安否確認に奔走した。清水は、東日本大震災時の行動記録をまとめた冊子を読むたびに涙すると言う。

また、2019年、台風19号により長野県で大規模な洪水被害が発生した数日後、清水が現地を回ると、強烈な悪臭、民家の壁や天井にびっしりついた黒黴《くろかび》に驚いた。「あの凄惨《せいさん》な光景はいまだに忘れません。その中で職員は粉骨砕身対応してくれていたのです。わが職員ながら頭が下がります。感謝です」と言う。

清水が「社会のために仕事をする」という企業文化を継承している例として、最近では全資産（約70兆円）の投資判断に「環境」や「社会問題」などへの取り組みを重視する「ESG」評価の導入がある。国内機関投資家として初めての試みだ。ESGに重点を置いた投融資に積極的に取り組むことによって、社会が持続的に発展する後押しをする。つまり、それは清水の目指す「誰一人取り残さない社会づくりに役立つ会社」を実現すべく戦略の一環である。

こうして清水率いる日本生命の〝№1企業文化〟承継への挑戦が続く。

第10章　世界が憧れる街づくり実現へ

東急社長　髙橋和夫

働く・遊ぶ・暮らすの3要素を融合させる

私は、経営者の責任とは顔の見える「企業リーダー」であることだと考える。それも、役員をまとめ、中間管理職を引っ張るだけでなく、工場や販売店の現場の人々まで含めた社員全体のリーダーでなければならない。

リーダーであるためには社員一人ひとりに会社の理念やビジョンを伝え、全員がそれを共有できるようにすることだ。社員全員が、どこへ行こうとしているのか、どのような方法で達成しようとしているのか、そのためには自分が何をすればよいのか理解できるようにしなければならない。経営者の責任は会社の行き先を示し、そこに社員を導くこと、そしてその結果に対して自らの責任を負うことだ。

その点、髙《たか》橋《はし》和《かず》夫《お》（66）はどうか。

髙橋　和夫（たかはし　かずお）
1957年、新潟県生まれ。一橋大学法学部卒業後、1980年に東京急行電鉄（現・東急）に入社。鉄道事業の現場を経験した後、バス事業に配属され分社化の業務を担当。1991年東急バス設立後は、約19年間同社に出向し、バス事業の再建に当たる。2011年東急取締役、経営企画を担当し国の空港コンセッション第1号案件であった仙台空港の民営化事業を指揮し運営権を取得する。常務、専務などを経て、2018年より社長に就任。

髙橋は社長就任2年目の２０１９年（令和元年）10月、旧東京急行電鉄の鉄道事業を分社化し、事業持ち株会社「東急」に移行するグループ会社の再編を断行。これにより、東急は不動産事業に特化し、鉄道事業を百貨店事業、ホテル事業などと同列の子会社とした。

同時に髙橋は、２０５０年の東急のあるべき姿を示す「長期経営構想」を打ち出す。

東急はどこへ向かうのか。社会的存在意

義は何か――。髙橋は自分の頭で考えて東急のグランドデザインを描いた。

その長期経営構想では、「安全・安心」「まちづくり」「低炭素・循環型社会」など6つのサステナブル（持続可能な）テーマに取り組み、50年目線で「東急ならではの社会価値提供による〝世界が憧《あこが》れる街づくり〟の実現」を目指す。

例えば、東急の本拠地である渋谷駅から2・5キロ圏内の「Greater SHIBUYA（広域渋谷圏）構想」。「職・住・遊」（働く・暮らす・遊ぶ）の3要素が融合した世界で最も魅力ある街づくりを目指す。それには山積する課題を解決し新たな価値を創造する必要がある。髙橋が言う。

「変革スピードを加速しないと、若い人がなかなか東急沿線に住めない。高い家賃を払って、混雑している電車に乗って、何が幸せなのかとなる。今、顕在化している課題にしっかり取り組む姿勢を、より明確かつ具体的に出していかないと、〝ありたい街〟に到達できない。課題の1つは『暮らす』の部分、つまりレジデンス機能の強化です。今後は住居を増やすと共に、生活に関わる施設を整備することで、『暮らす』の機能拡充を図る」

髙橋がいかにグランドデザインの「伝道」に注力しているかは、経営会議、コーポレート会議など定例会議ではもちろん、月4回の課長とのランチミーティング、現場視察での社員との対話会などでも必ず自ら伝えていることからも頷《うなず》ける。

一般的に経営者が自分のビジョンを社内に徹底するための条件は、①自分の言葉で愚直に繰り返し語り続けること、②言行を一致させることだと私は考える。

その点、高橋は理念や方向性を語るだけでなく、実際の会社運営と一致させている。

例えば、「生活に密着したサービスを幅広く展開する新規事業を作ろう」と社員に呼びかける。その後、新規事業育成部門と、社外から新しい事業の種を導入して新事業を作る部門を統合し、トップ直轄で新規事業を推進する。高橋の「本気」を確信した社員は士気を高める。

その証左が2020年7月、楽天との業務提携締結による「楽天東急プランニング」の設立だ。沿線の顧客と密度の高い接点を有する強みを生かし、そこにデジタルマーケティングを融合させる。顧客ニーズに合わせた商品の仕入れや、商品情報の発信、利便性の高い購買体験の提供が可能になり、さらに新事業の開発にもつながるという。

高橋が社員に何度も言うのは、「旧来の事業分野と離れた領域の事業を提案しよう」。そこで出てきたのが、東急線各駅の券売機でのキャッシュアウト・サービス、渋谷駅周辺の未利用壁面を活用した広告事業などである。

〝言行一致〟で本気を伝える高橋が東急を変革しつつある。

新規事業を手掛ければ組織の活性化や風土改革にもつながる

私は、拙著『会社の命運はトップの胆力で決まる』（講談社）で、胆力は経営トップの絶対条件であると書いた。継続するには昨日と同じではいけない。過去の自分を否定し、過去の成功体験を否定し、前任者を否定し、創業理念を除いて会社の在《あ》り方を否定する。変化するビジネスシーンにおいて、変わり続けない限り継続はできない。それはつまり、過去、常識、慣習を覆し、イノベーションを継続して行うことに他ならない。それができる人材こそ「経営者」であり、その源は「胆力」、言い換えれば「覚悟」にあると考える。

その点、髙橋和夫も胆力のある経営者だ。

髙橋は２０１９年、社長就任以来歴代トップが誰も手を付けようとしなかった、鉄道事業の分社化を断行。社名を「東京急行電鉄」から「東急」に変え、不動産事業に特化する事業持ち株会社へと変革した。

さらに、分社化と同時に東急の２０５０年のあるべき姿を示す「長期経営構想」を自らの手で策定した。東急はどこへ向かうのか。東急の存在意義は何かを明示したのだ。

例えば、東急のあるべき姿は「世界が憧れる街づくり」。つまり、自分らしい生き方を実現でき、人・自然・社会が調和した〝豊かさ〟を実感できる街。「美しい生活環境を創造し、調和ある社会と一人ひとりの幸せを追求する」という存在理念の実現に向け、「安全・安心」「まちづくり」「低炭素・循環型社会」など6つのサステナブル（持続可能な）テーマを追求する。

胆力はにわかにつけられるものではない。若い頃からその有無が試され続ける。

高橋が最初に胆力を示したのは1999年（平成11年）、「東急バス」の経営管理部課長のときだ。旧東京急行電鉄（東急電鉄）は1991年、バス事業を分社化し、東急バスを設立。それに伴い、高橋は東急バスへ出向し、バス事業の赤字脱却に奔走する。

高橋は、再建するには顧客視点に立った新サービスの提供と、乗員の意識改革が不可欠と考えた。その結果、渋谷〜代官山を回るミニバスの新会社「東急トランセ」の設立に漕《こ》ぎつける。運転士は全員女性、専用カードとしてICカードを導入するなど画期的なバス会社にした。

難題は、反対する路線の住民への説得だった。高橋は粘り強く、何カ月間も町内会に通って説明し続けた。バスの運行を開始すると、反対していた住民からも「便利だ」と支持されるようになり、乗客は増えていった。

もう1つ胆力を発揮したのは、運転士の意識改革に新会社を活用した点だ。当時、運転士の士気は低く、サービス精神も希薄だった。にもかかわらず、毎年ベースアップを実施していたときもあり、乗員の人件費圧縮が経営の重要課題となっていた。そこで髙橋は、東急バスの路線運行の一部を新会社に委託する「管理の受委託」という手法を取る。新会社への業務委託が増えるにつれて、運転士たちは「このままでは新会社に乗っ取られてしまう」と危機感を募らせ、奮起した。その結果、東急バスは黒字に転換する。

さらに、東急が空港の運営事業に進出した際も、髙橋は胆力を見せている。

2015年、髙橋が経営企画室長のとき、社員から仙台空港のコンセッション（公共施設の運営を民間業者が担う）事業への参画案が上がってきた。当時、髙橋は新事業に挑戦する社員には東急の既存の事業と親和性のないものを選ぶよう指示していた。全て東急でやることの限界を感じていたからだ。

髙橋が新企画を推進すると、社内に「鉄道や開発事業を優先すべきだ」と反対の声が上がった。髙橋は「空港の運営事業は地方の経済活性化に貢献できる」「新規事業を手掛ければ、組織の活性化や風土改革にもつながる」と強く訴え、空港の運営事業の具現化を図った。

その結果、2016年、東急電鉄は前田建設・豊田通商グループでコンセッション事業の入札に勝利する。それを機に、東急は「富士山静岡空港」をはじめ、北海道内の7空港の運営を開始するのである。

ミニバスの走行など傍流体験者ならではの大胆施策を実施

企業を成長させている経営者の中には、傍流体験を有する経営者が多い。海外や子会社、周辺の部署で苦労した人、あるいは転職した人……。これらの人は、既存の事業に対し、しがらみがないため、思い切った決断ができるという面がある。また、外から客観的に会社を眺めているため、会社の事実を冷静に認識し、改革しなければならない不合理な点をよく見出せる。主流を歩み、順調に出世してきた人よりは、改革を成功させている場合が多い。

髙橋和夫も、傍流体験組だ。創業家2代目五島昇以降7人の歴代社長は鉄道事業、経営管理・企画、財務など本社の主流を歩み、長期にわたる子会社出向者が社長就任するのは髙橋が初めてだ。

髙橋が社長就任後行った鉄道事業分社化、２０５０年の姿を示す「長期経営構想」策定、機構改革、空港運営事業推進、新規事業推進……。19年間の東急バス時代の体験が生きていたからこそ実現した実績だ。

高橋は１９８０年（昭和55年）、一橋大学法学部を卒業して東京急行電鉄（＝東急電鉄）に入社した。交通事業部自動車部計画課、弦巻《つるまき》営業所、管理部総括課を経て、入社12年目の91年、バス事業の分社化で設立されたばかりの東急バスに出向し、同社の運輸課長、経営管理部長などを経て２００９年には常務取締役となる。10年、本社に復帰すると、執行役員人事・労政室長、執行役員経営企画室長などを歴任後、社長に就任する。

では東急バス時代、高橋は何をしたか。高橋が活躍するのは１９９０年代半ば以降だ。97年、経営管理室プロジェクトチームリーダーに就くと、経営ビジョンづくりに着手する。当時、バス事業を取り巻く環境は乗客の大幅減少と規制緩和で激しく変化していた。そんな中、東急バスは業績悪化の一途を辿《たど》り、98年度は赤字経営に陥った。

高橋はバス事業の本質まで立ち戻り、時代環境の変化を踏まえて考え直すことが必要だと訴えた。利用者の利便性を高め、新しいサービスを提供する。そのためには組織風土の抜本的改革が不可欠だと確信した。

高橋が描いたビジョンは新会社を設立し、新しい路線を開設。その後、新会社に東急バスの路線運行を委託することで、経営改革を行うというものだ。

高橋がまず取り組んだのは、東急の拠点である渋谷～代官山を周るミニバスの新会社「東急トランセ」の設立だった。ミニバスはアクセス向上や、マイカーからバスへのシフトなどを狙いとした。狭い道でも走行でき、自宅近くでの乗降が可能となる。運転士は全員女性、専用カードにＩＣカードを活用するなどバスの常識を覆した先駆的バスだ。髙橋は先頭に立って指揮した。

ミニバスは好評を博し、利用者の増加で、業績を上げた。

髙橋が次に実行したのは、東急バスの路線運行・車両管理の一部を新会社に委託するバス事業の「管理の受委託」だった。赤字の原因は乗客数の減少と、乗員の人件費負担にある。髙橋は新会社に運行委託を行うことでコスト削減の実現を目指した。

新会社の運転士には、バス経験のない、元ホテルマン、元自動車営業員といったサービス業に就いていた人を採用し訓練した。すると、運転士に対する乗客からのクレームはなくなり、評価が高まった。さらに全路線運行に占める新会社の運行比率を上げ、使用台数も東急バス全保有台数の半分を占めるまでに増やした。結果、東急バスは２０００年度には過去最高の営業利益を記録し、黒字に転換した。

こうしたバス時代の「髙橋改革」は東急の経営に存分に活かされている。例えば現場重視。現場社員の士気の重要性を体感している髙橋は頻繁に現場を回る。その際、最初に見るのは駅員の仮眠室など職場環境だ。劣悪な環境だと見て取るや、すぐに本社の人間に改善を指示する。

また、新規事業の推進。髙橋が社員に新規事業の提案を呼び掛ける真の目的は社員の自発性を促し、自由闊達《かったつ》な組織風土への変革を成し遂げることにある。

髙橋の傍流体験が東急の改革に生きている。

労組はじめ相手に寄り添える環境づくりに心を砕く

私は成功する企業経営者には「幸運思考」があると考えている。「運」というのは、「私は運が良い」と思う人につき、「運が悪い」と思う人にはつかないようだ。現に、成功する経営者の多くが「自分は運に恵まれた」と語っている。

彼らに共通するのは、逆境でも「運が良い」と思えることだ。人は誰しも同じような体験をし、同じような経験をする。それに対して「運が良かった」と思えるような人が成功している。どんな辛い経験をも、学習であり、自己鍛錬であり、試練だと思える。そんな「幸運思考」の人が「成功者」になっているようだ。

髙橋和夫も、「幸運に恵まれた」と語る。一橋大学法学部を卒業し、民間鉄道最大手の東京急行電鉄（東急電鉄）に入社できたことに始まり、自動車部計画課などを経て東急バスに19年間出向し常務取締役にまでなる。本社復帰後は執行役員経営管理室長などを歴任し、東急の経営を任されたことに至るまでずっと運が良かったと考えている。髙橋が何事もあきらめないのも、粘り強いのも、学び心が旺盛なのも、「幸運思考」であるからだ。

髙橋が最初に鍛えられた職場は、入社3年目に配属された東急バス弦巻営業所（東京都世田谷区）。当時バス運転士の労働組合は先鋭的なことで知られ、なかでも弦巻は会社に非協力的姿勢が顕著だった。

髙橋は会社側の主任として父親ほどの年齢の気性の荒い運転士たちと対峙しなければならなかった。最初は若造扱いで、挨拶してもろくに返事してもらえない。しかし、髙橋はひるまず、真摯《しんし》に向き合い、正論を述べる。筋を通して対処するうちに少しずつ相手にされるようになる。風邪をひいて宿直室で寝込んでいると組合幹部が「和夫、大丈夫か」と見舞ってくれたこともあった。髙橋は言う。

「本社の人間は上から目線で指示しがちです。私は生意気なことを言わず、相手に寄り添える環境づくりに心を砕いた」

髙橋がそういう姿勢を貫いたのは上司の自動車部長、井原国芳（元東急電鉄副社長）から忠告を受けたからだ。

髙橋が週1、2回宿直室に泊まると、早朝「腹が痛いので休む」「風邪で欠勤する」という運転士からの電話が入る。非番の運転士に代わりをお願いするが、欠勤が多いときは間に合わない。協力してほしいと言っても、話を聞こうとしない運転士がいる。そんな運転士に腹を立て、「説得するのは無理です」と投げやりに言うと、井原は「話せばわかる。もっと、しっかりじっくりやれ」とたしなめた。以来、髙橋はその一言を胸に刻み、運転士たちとじっくり話し合うよう心掛けた。

髙橋があきらめない典型例は東急バス経営管理室事業推進課長のとき、運転士を他の営業所へ異動させたことだ。

髙橋は、子会社「東急トランセ」に東急バスの路線運行を委託し、子会社が路線の半分を占めれば東急バスは変革すると確信、子会社への委託を推進する。つまり営業所の〝子会社化〟だ。

髙橋が最初に選んだ営業所が、入社3年目のとき勤務した、一番先鋭的で手ごわい弦巻営業所。そこから始めないと他の営業所を説得できない。何よりも、自分をかわいがってくれた運転士たちに、真っ先に異動の話をすることが筋だと考えたのだ。

髙橋は運転士たちに他の営業所へ異動するようお願いした。ところが、彼らは会社ではなく、所属した営業所に就職したという考え方で、猛烈に反対した。髙橋は1カ月間毎日、弦巻へ通い、説明を繰り返した。やがて、ある古参運転士が「和夫がそこまで言うのなら仕方がない」と受け入れると、多くの運転士が彼に続いた。弦巻が〝子会社化〟されると、他の営業所もすんなり子会社化に応じた。結果、東急バスは生まれ変わった。

髙橋が何よりも自分は恵まれていると思ったのは東急バスで鍛えられたことだ。単一事業会社であるため、人事・企画・管理など全ての業務に携わることができた。それが現在、経営ノウハウとして生きている。

ラッピングバス等々の活性化が企業イメージを創出する

私は拙著『続く会社、続かない会社は№2で決まる』（講談社+α新書）で会社を変えるのは№2だと書いた。私がいう№2とはヒエラルキーに基づく地位や役職の「2番目」ではない。

№2は、トップに意見を具申する参謀であり、ビジョンの具現化を補佐する役割を担う。またトップと現場をつなぎ、社員の自発性を引き出し、モチベーションを高め、自由闊達な企業風土に変えていく世話役でもある。

№2に必要なのは常識に囚われず、何事も客観視できる冷静さと問題意識、会社を変革することへの情熱を持っているか否かだ。

髙橋和夫も№2の役割を果たしてきた。

1980年、東京急行電鉄（東急電鉄）に入社。自動車部計画課を振り出しに、東急バスに出向し、同社の運輸課長、経営管理部長、常務取締役を経て本社に復帰。執行役員経営企画室長、常務執行役員などを歴任し、随所で№2シップを発揮してきた。

髙橋の№2としての特徴は常に仕事の本質は何かという「Ｗｈａｔ」に対する答えを追求してきた点。自分の頭で考え、自発的に課題を発見し、率先して解決するリーダーであったこと。

最初に№2の役割を果たしたのは東急バス時代。バス事業は長年赤字で、分社化以降も業績不振が続いていた。

髙橋は、同社が所有地活用の一環として出店したラーメン店やコンビニを手伝いつつ、本業とシナジーのない事業への参入に疑問を抱き、業績不振の真の原因を見つめ続けた。

バス利用者の大幅減少。自動車事業の規制緩和による競争激化。運転士の人件費膨張……。真因はバスを取り巻く環境の変化に対応していないことにある。

考え抜いた改革案は、バスの路線運行を新たに設立する新会社に委託し、東急バスの組織風土を抜本的に変えるというもの。

具体的には、まずミニバスの新会社「東急トランセ」を設立し、新路線の運行を開始。次にトランセに既存路線の半分まで委託すると、トランセの〝自立と革新〟の組織風土が全社に浸透し、東急バスは変わるという筋書きである。髙橋は社長に具申し、自ら率先して実行した。

トランセ設立2年後、東急バスは路線の委託を開始。計画通り、トランセが全路線の半分を占めるようになると、東急バスの組織は活性化した。人件費削減も実現し、2000年度には黒字に転換、以来利益を出すバス会社へと変革した。

また2008年、運輸担当取締役のとき、髙橋は「世のため、人のため」の東急バスというイメージを創り上げている。

ある日、バスの大事故が起こり、髙橋は運輸部長を帯同して警視庁へ状況説明とお詫びに行った。一区切りがつくと、警視庁の担当課長が「今、われわれが考えているのは交通安全のラッピングバス。1台か2台、できないか」。髙橋はすかさず、「白バイの大きな絵をバスに載せましょう」と言い、頷く課長に「10台やります」と続けた。思いがけない提案に課長は喜んだ。

バスの後ろに白バイの写真を載せ、すり抜け走行する二輪車に睨《にら》みを利かせる「すり抜け走行禁止」の広告を載せたバスが1年間、幹線道路を走る。バス業界初の試みだった。

東急バスが皮切りとなり、他社も交通安全のラッピングバスを走らせた。髙橋は「東急バスは交通安全に力を注ぐ会社」という企業イメージを創出した。

さらに髙橋が、No.2シップを発揮したのは経営企画室長のとき、若手社員から上がってきた仙台空港のコンセッション（公共施設の運営を民間事業者が担う）への参画案を採用し、決断したこと。当時、社内には反対の声が上がったが、髙橋は「やりましょう」と社長に直訴した。空港運営は安全第一であること、周辺地域や自治体と密接に連携する必要があることなど、私鉄ビジネスと共通点が多い。そのうえ空港運営ビジネスを手掛ければ会社の活性化につながると確信した。こうして仙台空港を皮切りに富士山静岡空港、北海道内7空港の運営を開始する。

髙橋のNo.2シップが東急を大きく変えていった。

ゴーイングコンサーンを具現化する人材・組織育成の種まき

企業にとっての至上課題は、持続的な成長である。そのために企業は何をすべきか。それが企業経営に求められている最大の課題だ。重要なのは中長期的な周期で成長を遂げているかどうか。持続的成長を遂げる風土になっているか。土壌が改良されているか。〝種まき〟が行われているかが問われているのだ。

今のグローバル化時代には、トップは資本市場を重視するあまり、短期的視野で利益を上げることで頭がいっぱいだ。トップのミッションは利益を上げ、株価を高め、価値を増大させることのみとされ、評価基準が収益一辺倒になっているからだ。そのため、つい近視眼的な経営に陥ってしまいがちとなる。必要なのは長期的な視点である。

その点、2022年に創立100周年を迎えた東急社長の髙橋和夫は「私の役割は会社を持続的に成長させる基盤を作り、次世代につなげていくこと」と明言。ゴーイングコンサーン（企業が事業を継続することを前提にする考え方）を重視する。

現に髙橋は、長期的視野で経営の体質強化に取り組んでいる。まず鉄道事業を分社化し、不動産開発事業持株会社に変革させた。同時に機構改革を断行、全社をよりフラットな組織に改革。さらに、2050年の東急グループの姿を描いた「長期経営構想」を策定し、その実現に向けスタートさせている。構想ではウェルビーイング（幸福）の追求と、持続可能な循環型社会の追求の2つの軸で「世界が憧れる街づくり」の実現を目指す。すなわち、人々が自分らしく生き、幸せを追求できる一方、社会や地域、自然環境と共生しながら人間らしいぬくもりのあるコミュニティをつくるというのだ。

構想のベースになっているのは「顧客（＝社会）にとっての付加価値を持続的に提供することが会社の存在意義」とする髙橋の経営哲学。顧客、すなわち製品・サービス市場をないがしろにする企業は存在価値がない。顧客に評価される企業だけが競争の中で生き残っていくと確信する。それは髙橋が資本市場の論理だけで企業運営を行っていないことに表れている。

「私は利益だけ、株価、成長だけといった、どれか1つだけを追いかけるのではなく、ステークホルダー（社員、顧客、地域、株主）にバランスよく対応しながら、世のため人のためになっているかを考える。地域社会と一緒に歩んでいる私たちは地域の人々が幸せになるような仕事をすることで、信頼関係が生まれ、街は持続的に成長する」

では、髙橋はどうやってゴーイングコンサーンを具現化するか。まず、将来へ向け人材・組織育成の種まきを行う。

創立時から継承している新たなことに取り組む〝先駆者精神〟を一層強く組織に埋め込む。理念「美しい生活環境を創造する」「自立と共創により総合力を高める」を全社に浸透させ、行動理念「自らを革新する」を社員に腹落ちさせ、業務に反映させるべく組織風土を醸成していく。

注目すべきは社員寮での新人研修。創始者五島慶太が経営哲学を伝えるために造った社員寮「慎独寮」では、新入社員が約1年間生活し、毎週木曜日に「木曜講座」と題する研修を行っている。〝東急人〟としてのマインドセットとビジネスパーソンとしての土台づくりが主な目的だ。

髙橋が腐心しているのは環境変化に適応できる人材の育成だ。ベースはＯＪＴ（Ｏｎ-ｔｈｅ-Ｊｏｂ Ｔｒａｉｎｉｎｇ）。そこで将来の経営を担うことを期待する人材にはグループ会社のトップマネジメントを経験させている。

もう1つは、経営の経験を積む場として新設した「次の100年を創る」を使命とする社長直轄組織「フューチャー・デザイン・ラボ」。事業家を育てる「社内起業家育成制度」の運用をはじめ、スタートアップとの事業共創を図るプログラムの推進、新しいサービスの社会実装に向けた招待会員制のオープンイノベーションラボの展開など、将来を睨んだ新規事業への取り組みを通じて先駆者精神の醸成に力を入れる。

理念を実現すべく、高橋率いる東急の戦いは続く。

第11章　リコー再起動へのイノベーション

リコー社長　山下良則

生産・開発の壁も取り払う聖域なき構造改革

企業が継続するには昨日と同じではいけない。過去の自分を否定し、過去の成功体験を否定し、会社の在《あ》り方を否定する。変化するビジネスシーンにおいて変わり続けない限り、継続はできない。それはつまり、過去、常識、慣習を覆し、新たな価値を生み出すイノベーションを継続して行うことに他ならない。

その点、山下良則《やましたよしのり》（65）は過去を否定し、常に新しいことに挑戦し続ける。

２０１７年（平成29年）、社長に就任するや、「リコー再起動」を宣言、ビジネスモデルの変革を訴え、聖域なき構造改革を主導した。さらに20年には、「デジタルサービスの会社」にすると宣言、その実現に向け、意思決定の迅速化と経営資源配分の最適化を目的とした「カンパニー制」を導入する。

入社以来、主に資材調達・生産畑を歩んできた山下は、過去のやり方や慣例を無批判に受け入れることなく、改革を実行してきた。最初に、行動力を発揮したのは入社6年目、資材部購買企画課のときだ。かねて海外調達の必要性を訴えていた山下は台湾での部品調達を命じられ、苦心の末、現地企業から5品目を日本製よりも3割以上安い価格で購買することに成功。同社初の〝国際調達〟を実現した。

山下　良則（やました　よしのり）
1957年、兵庫県生まれ。1980年、広島大学工学部卒業後、リコーに入社。フランスや中国の工場立ち上げをはじめ、英国生産会社管理部長、米国生産会社社長、国内外の販売統括部門長を務めるなど、同社のグローバル化を牽引。2012年に専務、2016年に副社長就任を経て、2017年に代表取締役社長執行役員CEO、2023年4月に代表取締役会長に就任予定。2021年4月より経済同友会副代表幹事、同年10月より日本気候リーダーズ・パートナーシップ共同代表に就任。

その後、山下は、１９８８年（昭和63年）からの3年間、フランス工場の立ち上げに関わる。当時、日本製複写機はＥＣ委員会からダンピング提訴されており、部品の40％以上を日本以外の国で調達することが義務付けられていた。山下は欧州に進出する日本の電機会社と交渉したり、現地企業に生産委託するなど調達に奔走した。その結果、安定的に供給してくれるサプライヤーを開拓、工場の稼働開始に貢献する。

3つ目は、1990年のリコー初の国際調達事務所（IPO）設立だ。89年、英仏両工場で使う部品を調達するため、香港、中国・深圳《しんせん》へ調査に出かけた。その折、情報が集まる香港での連絡拠点の必要性を痛感、IPO設立を経営会議で強く訴え、実現させた。

4つ目は、アジア生産拠点構築の必要性を訴え、中国・深圳への工場進出を導くきっかけを作ったことだ。山下は中国、アジアの部品メーカーを訪ねるたびに異口同音、「アジアに工場を持つ企業のほうが信頼できる」と言われた。その考えに共鳴した山下はあるとき、アジアに生産拠点を設ける案を生産本部長に具申した。本部長は直ちに「アジア工場進出プロジェクト」を発足。山下を含めたプロジェクトメンバーたちは工場立地条件などを調査し、最終的に進出先は深圳に決まった。山下はリコー最大の生産拠点誕生のきっかけをつくったのである。

山下改革といえば、英国工場赴任時代（1995～2002年）に実行した「マネジメントの現地化」がある。日本人による海外子会社マネジメントという慣習を否定した改革だ。山下は、自らの使命は英国工場を現地に根差した消費地生産拠点に成長させることにあると覚悟した。そのため、社長補佐として経営企画を任されていた山下は英国人の実力をフルに発揮させることに腐心する。マネジメントは英国人に任せる。製造、技術、生産管理の各部長も、英国人を就けるべきだと社長に訴えた。提案が実行されると経営の現地化が進み、販売サポートを実施できる会社へと大きく成長していった。

さらに山下は2004年、生産統括センター所長になると、従来の開発方式を否定する。それまでも山下は、多品種少量生産が進む中、量産の組み立てラインのままでいいのか。生産部門は開発設計の段階で参加すべきではないのかなどと問題提起をしていた。設計後では組み立てにくい、品質が安定しないなどの問題が生じていた。そこで山下は、設計者が正式な図面を描く前に実施するDR（デザイン見直し）に、生産部門を参加させるなど生産・開発の壁を取り払う改革を行う。

その集大成が大森（東京都大田区）や厚木（神奈川県厚木市）などに分散していた開発拠点を集結し、技術開発から生産技術を1カ所に集約した海老名市の「リコーテクノロジーセンター」の設立だった。

デジタルサービスの会社に転換し顧客に最適な解決策を提供する

私は、これからの企業経営者は、目先の利益の追求だけでなく、積極果敢に社会課題の解決に取り組み、自社が世の中やマーケットから長期的に必要とされる存在になる。また、そのためのビジネスモデルを再構築する「覚悟」が必要だと考える。

世の中の価値観が大きく変わる今という時代にあって、経営者には「覚悟」、言い換えれば、「胆力」がこれまで以上に求められる。その胆力は、経営者自身の「使命感」「夢」「志」から生まれる。自分の生き様の中から「これをやり切らなければ、自分は生きている価値がない」というくらいの思いを持って、自分の存在をかけて挑む、貫く。

多くの経営者を見てきて、成功する人に共通するものは何かと追求していくと、ここに行き着くのである。

この点、山下良則はどうか。2017年4月、社長に就任すると、「リコー再起動」を宣言。ビジネスモデルの変革を掲げ、リコーの成長を支えてきた「ものづくり自前主義」「直売・直サービス体制」など5大原則を見直し、〝聖域なき構造改革〟を主導した。

では、ビジネスモデルの変革とは何か。市場が成長している時代は複合機を売りさえすれば、用紙・トナーの消耗品とアフターサービスで利益が出た。ハードウエアの開発競争に勝つことで競争優位を保つことができた。しかし、ペーパーレス化が進むにつれ複合機や消耗品の需要は低迷、価格も下落した。そこで、複合機に顧客が求めるソリューション（課題解決）機能を載せ、付加価値を提供するビジネスモデルへと変革する。

改革の肝は、顧客へ最適な課題解決策を提供するデジタル技術の組み合わせにある。

現在、リコーは中小企業向けに機器やソフトウエア、サービスをパッケージ化して提案する「スクラムパッケージ」を提供。例えば、建設現場の臨場（立ち合い）をリモートで行える「工事現場・遠隔臨場パック」。ウエブ会議システムやウエアラブルカメラなどを組み合わせることで、現場に行かずとも離れた場所から臨場を行うことができる。コロナウイルス感染対策だけでなく、移動時間の短縮や人手不足の解消など、生産性向上や働き方改革にも対応できるという。こうした業種・業務に合わせたパッケージ提案の需要が急速に拡大している。

山下は２０２０年（令和2年）、リコーを単なるＯＡメーカーから、顧客の潜在課題を汲《く》み上げ、最適な解決策を提供すべく「デジタルサービスの会社」に転換すると宣言。その実現に向け、カンパニー制を導入し、経営の迅速化、経営資源の最適配分化を図る。同時に、デジタル人材育成など社員育成の土壌づくりに精力を注ぐ。

そうした山下の胆力はどうやって培われたか。山下は、若い頃から、先輩や上司に対しても言うべきことを主張してきた。29歳のある折、自分が台湾で調達した電源コードを検査係の先輩社員が20キロの重りをぶら下げて検査をしていた。仕様は10キロ。山下が問いただすと、先輩は「台湾製は初めてだ。心配じゃないか」と言った。山下は、検査は公平、公正に行うべきだと猛然と抗議した。

また、1995年、山下が国際調達室計画課長のとき、生産本部副本部長を訪ね、英国工場赴任の挨拶をした。副本部長は開口一番、「お前か、中国のしょうもない部品を買っていたのは。不良品がいっぱい出ている。不良品も原価に入れないと単価にならない」と言った。「ですが、しょうもないでは済みません。中国製は修理してでも使い切らないと原価競争に勝てません」と言い切った。山下が主張を曲げなかったのは、将来は中国製が主流となる。その時代を見据えて、中国製品の品質向上、生産技術育成に腐心すべきだ、という確信があったからだ。

その後も山下は、英国工場では経営の現地化、ものづくり革新室長のときには開発・生産の一体化、米国ＲＥＩ社長時代には従業員の意識改革を行うなど、随所で胆力を発揮し続けた。

リコーとは何かと存在意義を考える原点とは

私は成功する企業経営者には「幸運思考」があると考えている。「運」というのは、「私は運が良い」と思う人につき、「運が悪い」と思う人にはつかないようだ。現に、成功する経営者の多くが「自分は運に恵まれた」と語っている。彼らに共通するのは、逆境でも「運が良い」と思えることだ。

人は誰しも同じような体験をし、同じような経験をする。それに対して「運が良かった」と思えるような人が成功している。どんな辛い経験をも、学習であり、自己鍛錬であり、試練だと思える。そんな「幸運思考」の人が「成功者」になっているようだ。

山下良則も、「自分は強運だ」と明言する。広島大学工学部を卒業し、大手複写機メーカー、リコーに就職できたことに始まり、資材部国際調達課長、英国工場社長補佐、生産統括センター所長、米国工場（ＲＥＩ）社長などを歴任し、リコーの経営を任されたことに至るまで、ずっと運が良かった。自分がここまでやってこられたのは自分を鍛えてくれた上司や支えてくれた仲間たちのおかげと考えている。

山下が何事もあきらめないのも、粘り強いのも、学び心が旺盛なのも、基本的に「幸運思考」であるからだ。とりわけ重要なのはあきらめないことだ。その点、山下自身、「あきらめない人」を地で行くようなビジネス人生を送ってきた。

まず、入社6年目に体験した台湾での部品調達は、自分の頭で考え、判断し、自分の責任で行動する機会となり、同時に「リコーとは何か」と存在意義を考える機会となる。

リコー初の海外調達で、先例がない。山下は、製品図面の英訳から、仕入れ先探し、交渉、製品受け取りに至るまで自分1人で試行錯誤を重ねながら行わなければならなかった。しかも、台湾ではリコーという会社は知られていなかったため、会社説明から始める必要があった。そうした台湾での苦労も、山下は「運が良い」と考えた。

また、1980年代後半、フランス工場の立ち上げに関わっていたときも、粘り強さを発揮している。当時、日本製複写機はEC委員会にダンピング提訴されており、部品の40％以上を日本以外で調達しなければ、20％課税するという厳しい措置が取られた。山下は欧州製部品に切り替えるため、現地調達に奔走する。欧州製部品は購買したものの、不良品が続出し、使えない。工場稼働日は迫り、山下は追い詰められた。しかし、あきらめるわけにはいかない。欧州に進出する日本の電機会社を1社1社精力的に回り、調達にこぎつけた。そうして山下は、1年以上かけて部品の欧州現地化率40％を達成するのだ。

さらに、1995年から7年間、英国工場に社長補佐として赴任したときも、工場を現地に根差した消費地生産拠点にするという自らの使命を果たしている。

山下はまず生産性を高める必要があると考えた。そのためには英国人のモチベーションを上げ、彼らが実力を発揮できる職場環境をつくらなければならない。それには英国人自身によるマネジメントが必要と考え、製造・技術・生産管理の各部長には英国人を就ける案を工場の社長に具申。それを受けて、社長はマネジメントの現地化を深化させた。結果、工場は国内販売サポートを実施できる会社へと成長した。

もう1つ、山下は「会う人、全て勉強」と思える人である。

入社7年目のある折、山下が台湾で調達したコンタクトガラスが工場の外に置かれ、雨ざらしになっていた。先輩の検査責任者に、「なぜ、雨ざらしにしているのか」と抗議すると、「台湾製だから曇るかもしれないだろう。試験だよ」と答えた。「台湾製は雨の中でコピーするんですか」と食い下がると、「加速度試験だ」と言った。加速度試験とは動作条件を厳しくして劣化を加速してテスト期間を短くする試験である。台湾製に対する偏見だと山下は憤りを感じた。

こうした先輩社員でも、山下は〝反面教師〟として、自分は常に評価の公平性、納得性を高めることを心掛け、仕事に偏見や私情を持ち込まないことを心に誓うのだった。

調達に国境はないとする世界生産戦略

私は長年にわたり多くの有力企業の経営者に取材してきた。そこから見えてきたのが、「会社を変えるのはトップではなく、№2」ということだ。私の言う№2とは役職やポジションの「2番目」ではない。企業を変え、成長させる主役だ。トップに意見を具申する参謀であり、ビジョンの具現化を補佐する役割を担う。また、トップと現場の間をつなぎ、社員のモチベーションを高め、自由闊達《かったつ》な企業風土に変えていく世話役でもある。

過去、会社を変えられなかったカリスマリーダーをどれだけ見てきたか知れない。その一方で、「№2」の活躍によって業績を伸ばしてきた企業、再建を果たした企業もある。№2の有無が企業の明暗を分けることは、〝歴史〟が証明している。

山下良則も、№2の役割を果たしてきた。

山下は1980年、広島大学工学部を卒業後、リコーに入社。資材部資材管理課を振り出しに、資材部購買企画課、資材本部国際調達室計画課長、英国工場社長補佐、生産統括センター所長、米国RＥＩ社長などを歴任し、随所で〝№2シップ〟を発揮してきた。

山下の№2としての特徴は、常に仕事の本質は何か、自分の役割は何かという「Ｗｈａｔ」に対する答えを追求してきた点だ。「何のために、この会社があるのか」という本質論抜きに、「Ｈｏｗ ｔｏ」を議論したところで意味がないと考えてきた。

最初に№2的役割を果たすのは、資材部購買企画課のときだ。山下は台湾で複写機部品を購買し、国際調達の道を切り開いた。当時、プラザ合意により円高が進み、日本の製造業は工場の海外移転など対応が迫られていた。リコーも例外ではない。山下は資材部長に呼ばれ、台湾での調達を命じられた。入社6年目の若き山下に白羽の矢が立ったのは、常々「調達に国境はない」と訴えていたからだ。山下による国際調達開始で、資材部は存在感を示すことができ、部員のモチベーションは上がった。その後も山下は、リコーの海外生産の拡大に国際調達面で貢献する。

山下が〝№2シップ〟をフルに発揮するのは1995年から7年間、英国工場に事業企画部長兼社長補佐として赴任したときだ。

当時、リコーは中国・深圳に大規模工場を設立、上海にも工場新設を計画するなど、中国を世界の供給拠点にすることを検討していた。そのため、山下は「欧州の英仏2工場を1つに集約することを検討せよ」と密かに指示を受けていた。

しかし、山下は現地に赴任すると、自分の使命は、英仏工場ともに現地に根差した消費地生産拠点に仕立て上げることにあると覚悟した。日本本社の生産本部長に繰り返し、英仏2社体制持続の必要性を進言した。本部長を納得させるためには赴任先の英国工場の生産性を高める必要がある。それには英国人のモチベーションを上げ、彼らの実力をフルに発揮できる環境をつくらなければならない。

山下が考えたのが英国人自身によるマネジメントだった。製造・技術・生産管理の各部長には英国人を就け、彼らにマネジメントを任せるべきだと工場の社長に具申した。社長は山下案を受け入れ、マネジメントの現地化を深化させた。その結果、英国工場は国内販売サポートを実施できる会社へと成長する。日本本社も欧州生産は英仏２本立てで続行する方針を固めた。まさに、山下がリコーの世界生産戦略を動かす№２となった証しだった。

山下の№２シップの発揮は、生産統括センター所長のときにも表れている。それまでも開発・購買一体化を具現化させた山下はさらに開発・生産の一体化を進めた。部門を超えたクロスファンクショナルな開発体制の具現化で、開発効率を飛躍的に向上させた。

その後、山下は、米国ＲＥＩ社長、常務執行役員総合経営企画室長などを歴任し、社長の近藤史朗（当時）の推進する経営改革を補佐していくこととなる。

企業とは利益を上げることを通じて社会に貢献する組織

私は拙著『成長する企業トップの成功戦略を解明する』（講談社ビーシー／講談社）で、持続的成長を遂げる企業の経営者には、「利益を上げることを通じて長期的に社会に貢献することを目的とする組織」という企業観があると書いた。

企業の社会貢献とは、価値ある商品やサービスを顧客（＝社会）に提供することを通じた世の中、社会への貢献だ。価値創造なくしては、企業は継続できない。顧客にとっての付加価値を提供することが会社の存在意義であるからだ。だから顧客に評価される企業は生き残る。つまり、持続する企業は「世のため、人のため」という企業文化を醸成しているのだ。

山下良則も、過去の歴代社長が企業に埋め込んできた「世の中、社会のために仕事をする」という価値観の企業文化を継承している。それは、社長就任以降、顧客にとっての付加価値を持続的に提供することに精力を注ぎ続けていることからも頷《うなず》ける。まず、ビジネスモデルの抜本的変革を打ち出し、構造改革を断行する。そしてOAメーカーから、顧客の課題を汲み上げ、解決策を提案する「デジタルサービスの会社」に転換すると宣言。顧客に新たな付加価値を提供している。

一例が中小企業向けの機器やソフトウエア、サービスを組み合わせた「スクラムパッケージ」だ。現在、建設土木業向けの「工事現場・遠隔臨場パック」や介護事業者向けの「オンライン面会パック」など、9業種154種類を開発し、ヒットさせている。需要は拡大し、成長事業に育ちつつある。

また、海外でも、多様な働き方に対応したサービスパッケージ「Ｗｏｒｋ　Ｔｏｇｅｔｈｅｒ　Ａｎｙｗｈｅｒｅ」の販売を大きく伸ばしている。

「世のため、人のため」の企業文化を継続させるためには、持続的成長の実現が不可欠となる。山下が2021年4月、5つの事業から成る「カンパニー制」を導入した理由はここにある。事業競争力を強化し、利益を上げる強靱な経営体質をつくり、持続的な成長を遂げなければ、社会に貢献できないという使命感からくる決断だ。

山下の抱く企業観は「利益を上げることを通じて社会に貢献する組織」だ。つまり、創業理念の実現（＝社会貢献）が企業の目的であり、そのためには手段として利益が必要となる。目的は理念の実現であり、利益はその手段と考える。それに基づき、各カンパニー長には徹底的に権限を委譲し、意思決定の迅速化を図る。

一方、グループ本社は経営の原点となる創業理念を守り、長期的視点で研究開発を行い、事業を育てていく。そのため、経営資源を最適に配分し、資本収益性を向上させる。そして各事業の成長性と資本収益性を見ながら経営資源をどうするかを判断するという。

では、山下が事業活動の軸にしている創業理念とは何か。

リコーの創業者、市村清の提唱した「三愛精神」（人を愛し、国を愛し、勤めを愛す）である。事業、仕事を通じて、家族、顧客、関係者、社会の全てを豊かにすることを目指した考えで、社員が仕事を行ううえで原点となる。

その三愛精神に基づく普遍的な理念「リコーウェイ」の「使命と目指す姿」として2023年4月から新たに「〝はたらく〟に歓びを」を掲げる。人々の仕事がＡＩ（人工知能）やロボットに置き換わっていく中、人が「はたらく」に求めるものは、人間としての「歓び」だ。人が人らしい創造力を発揮して充足感や達成感を得、自己実現することである。

１９７７年、業界で初めて「ＯＡ（オフィスオートメーション）」を提唱したリコーが今後向かうのは人々が「はたらく歓び」を感じるそのお手伝いをすることと考える。

山下は２０２０年11月、東京都大田区の本社近くにある市村清ゆかりの場所に、はたらく歓びを実践・研究する「３Ｌ（サンエル）」を設置している。

山下がいかに市村清を尊崇しているかは２０１８年、佐賀県で「肥前さが幕末維新博覧会」が開催された際、佐賀の偉人に選ばれた市村清を経営会議のメンバー全員に肌で感じさせるため、博覧会に連れて行き、市村清の生家の跡地などを見て回ったことからも頷ける。山下が言う。

「三愛精神の『国を愛し』は、今は『地球を愛し』と捉えられていますが、世の中に役立つ価値を生み出し、持続可能な社会づくりに貢献することをリコー社員の使命としたのです。これからも良い社会を実現するため取り組んでいきます」

見逃せないのは、山下率いるリコーは経営者と全社員が、「社会のために仕事をする」という価値観を共有しつつあることだ。そして、その価値観こそが持続的発展の原動力となっていく。

山下の「社会貢献」の原点追求が続く。

[筆者注：山下良則氏は２０２３年４月、リコー代表取締役会長に就任する予定です]

第12章　従来保険のアンチテーゼ導入に挑む

住友生命社長　高田幸徳

「ウェルビーイング＝一人ひとりがよりよく生きる」ために

企業を持続させるためには、経営理念を守りつつ改革しなければならない。昨日と同じではいけない。過去の自分を否定し、過去の成功体験を否定し、過去の会社の在《あ》り方を否定する。変化するビジネスシーンにおいて、変わり続けない限り、継続はできない。それはつまり、過去、常識、慣習を覆し、イノベーションを継続して行うことに他ならない。それができる人材こそ経営者であると私は考える。

その点、高田《たかだ》幸徳《ゆきのり》（58）はどうか。

経営理念「社会公共の福祉に貢献する」の実現に向け、「『一人ひとりのよりよく生きる＝ウェルビーイング』に貢献する『なくてはならない保険会社グループ』」という独自の企業ビジョンを2030年のありたい姿として掲げ、顧客にとっての付加価値を持続的に提供すべく新しいことに挑戦している。

高田　幸徳
（たかだ　ゆきのり）
1964年、大阪府生まれ。京都大学経済学部卒業後、1988年に住友生命保険に入社。秋田支社長、営業企画部長、企画部長、上席執行役員等を経て、執行役常務として健康増進型保険“住友生命「Vitality」”を主導。2021年に取締役代表執行役社長に就任。『ウェルビーイングに貢献する「なくてはならない保険会社グループ」』を2030年のありたい姿に掲げ、ウェルビーイング領域におけるトップランナーを目指して陣頭指揮を執る。

高田は2021年（令和3年）4月、社長に就任すると直ちに、社長直轄の「人財共育本部」を立ち上げる。人生100年時代の到来、ライフスタイルの多様化、医療サービスの変化など、生命保険会社を取り巻く環境の急速な変化に対応した新しい価値を創造できる「人づくり」を目的とする。

上司が部下を教え、育てる〝教育〟から、共に学び合い、成長する〝共育〟に切り替え、職員一人ひとりが自分自身の価値を発揮し、周りの職員に貢献する企業風土を醸成する。

一部門が取り組むのではなく、経営戦略と人材戦略のマッチングを図り、経営課題として会社全体で取り組むのが「人財共育本部」設置の狙いだ。

多様な人財が生き生きと働き甲斐《がい》を持って活躍できる環境を整備することで、職員一人ひとりが自律的かつ主体的に成長できるようになり、柔軟性と先見性を持って新しい価値を生み出し、社会にインパクトを創出していく。それによってお客さま・社会のウェルビーイングだけでなく、職員自身のウェルビーイングの実現にもつながっていく。

入社以来、主に勤労・営業企画部門を歩んできた高田は、過去のやり方や慣例を無批判に受け入れることなく、随所で改革を実行してきた。

最初に高田が営業手法の慣例を覆したのは千葉県松戸市にある柏支社松戸支部長のときだ。顧客対応、企業訪問、新人職員への対応など、やるべき仕事は多かったが、常に率先垂範を意識した。

1998年（平成10年）、着任した当時、職場は松戸支部と東松戸支部が統合したばかりで、風通しが悪かった。職員たちはお互い相手支部出身の職員たちのやり方に不平を漏らし合っていた。そんな職員たちのエネルギーをどうすれば顧客に向けさせることができるか。まず、課題解決の優先順位を①お客さまからのお申し出、②企業訪問、③営業職員入社の手続き、④その他と決め、愚痴は「その他」とした。

次に高田は営業職員に「コンサルティング力」を身に付けさせることに取り組む。朝礼では商品の説明に多くの時間を割き、営業目標達成に檄を飛ばすなどということはしなかった。他方、できるだけ営業職員と一緒に顧客訪問をし、自分を理解してもらうことに心を砕く。結果、支部は活性化した。

改革といえば、２００７年から2年近く務めた秋田支社長のとき、営業職員の採用を生保業界では当たり前だった「毎月採用」から3カ月ごとの「四半期採用」に切り換えた「営業職員採用改革」がある。

当時、同社の営業職員の入社から5年間の離職率は約90％で、10％しか残らなかった。そこで同社は離職率を下げる施策として四半期採用を検討。入社して3カ月は保険本来の意義から徹底して教育する研修期間を充実させるなど、育成に力を入れれば離職率は下がる。理にかなっていた。

高田が赴任した秋田支社は四半期採用を導入したばかりのトライアル支社だった。現地では現場の負担が増えて職員数が減ると猛反対を受けたが、「成功せずにすぐに戻すことはしない」と粘り強く説得し改革を断行した。結果、職員数が減ることはなく、何より、転職者が入社してくるようになり、支社全体で教育に注力し、選ばれる会社になろうという気運が生じた。

トライアル支社の秋田で成果が出たことから、四半期採用は２０１１年には会社の採用方法として定着した。自分の主張を押し付けるのではなく双方にとっての実を上げることに労力を惜しまない姿勢は、その後の社外パートナーとの交渉においても高田の大きな強みとなる。

高田の名前が社内に轟《とどろ》いたのは企画部長として健康増進型保険「バイタリティ（Vitality）」の導入を主導したときだ。

当時、会社全体で新たなブランド戦略を進める中で先進的な商品・サービスを提供できないか考えていた。そんな折、職員の一人が南アフリカ共和国の金融サービス企業、ディスカバリー社が1997年から販売している健康増進プログラム「バイタリティ」を導入できないか、案件として持ち込んだ。今では40の国と地域で3000万人以上の加入実績がある「バイタリティ」は健康増進活動の取り組み具合により保険料が変動するという、従来の病気等のリスクに備える生命保険とは一線を画した商品だ。

バイタリティを日本で販売するとなると、販売政策から営業職員教育、システムに至るまで変えなければならない。社内の多くは、導入に冷ややかだった。そこで高田は、決然と当時社長の橋本雅博（現・会長）に「これは社長がやる覚悟を持たないとできません」と決断を迫った。こうして高田は「バイタリティ」の導入を主導したのである。

仕事の本質は何か、企業の本質的役割は何かを追求

私は成功する企業経営者には「幸運思考」があると考えている。「運」というのは、「私は運が良い」と思う人につき、「運が悪い」と思う人にはつかないようだ。現に、成功する経営者の多くが「自分は運に恵まれた」と語っている。

彼らに共通するのは、逆境でも「運が良い」と思えることだ。人は誰しも同じような体験をし、同じような経験をする。それに対して「運が良かった」と思えるような人が成功している。どんな辛い経験をも、学習であり、自己鍛錬であり、試練だと思える。そんな「幸運思考」の人が「成功者」になっているようだ。

高田幸徳も、「自分は恵まれている」と言う。京都大学経済学部を卒業し、生保3位（当時）の住友生命に入社できたことに始まり、大阪南支社を振り出しに、柏支社松戸支部長、業務勤労課長、秋田支社長、企画部長など歴任し、住友生命の経営を任されるに至るまでずっと恵まれていたと考えている。何事もあきらめないのも、粘り強いのも、学び心が旺盛なのも、基本的に「幸運思考」である

からだ。

最初に学んだのは、入社後に配属された大阪南支社（大阪市浪速区）の直属係長からの教えだった。係長は社内手続きをするたびに、「なぜこの社内規程があるのか考えろ。物事はまず疑って考えることが大事」と問題意識を持つことの重要性を繰り返し諭した。

さらに、その後異動した勤労部業務勤労課のある上司には、2段階上のポジションの目線で自分の仕事を見、物事を眺めることが大切だと教わった。例えば、新入社員なら係長の上の課長、係長になったら課長の上の部長の目線で見ると、今自分のやっていることがいいかどうか、またどうすれば上司が仕事をやりやすくなるのかが見えてきて、自分で考えて行動するようになる。以降、高田は社長になるまで2段階上の役職の目線で自分の役割や会社の課題を見、行動することを心掛けてきた。

また、営業職員の人事制度の策定や労働組合交渉を行う勤労部業務勤労課副長のときは、上司である当時課長の橋本雅博（前出）に、「本質を見抜き、方向性が間違っていなければ臆することなく自信を持って手を打て」と教えられた。それを機に、高田は仕事の本質は何か、企業の本質的役割は何かという「Ｗｈａｔ」に対する答えを追求していく。

加えて高田は失敗をしたとき、その原因を他人のせいにしたり、タイミングや環境のせいにしたりせず、全て反省の機会に置き換えられる人である。

業務勤労課のある折、営業職員による保険料の集金を廃止する「集金制度収束政策」をつくり、役員会に提案したが否決された。保険料の集金は営業職員が顧客とつながりを持つ最高のサービス。それをやめると顧客との絆《きずな》が切れてしまうというのがその理由。時代は事務効率が高く、事故も少ないキャッシュレスの方向へ向かっている。「なぜ否決されるのか」。悔しさで3日間寝込んだ。やがて顧客とのつながりを維持すべく代替案を持ち合わせていなかったことを反省した。以降、提案する際は必ず代替案を用意した。

もう1つ、高田は何事もあきらめない、挫《くじ》けない人だ。目標達成のためには立ち塞がる障害がなんであろうとやり続ける。

例えば、企画部長として南アフリカ共和国の金融サービス企業、ディスカバリー社の健康増進プログラム「バイタリティ」の導入を主導した折、役職員の多くが抵抗する中、粘り強さを発揮した。片道20時間かけて南アフリカに行き、実際に現地で「バイタリティ」が拡がっている様子を見ることで社内の共感者も増えていった。

「バイタリティ」は顧客に健康増進を促すプログラム。国民の平均寿命が延びていくと、病気や老いの不安、定年退職後に必要なお金、介護の問題など長生きによるリスクが生じるとともに、生命保険が提供できる安全・安心の価値も変わってくる。さらに、現代のような超高齢社会になると、身体的な健康だけでなく、精神的に健康であるか、ということも重視されるようになっている。また、平均寿命や健康寿命が延びることに伴って、長い人生をいかに健康的に心豊かに楽しむかという人々の意識が高まっている。

「バイタリティ」は顧客が健康になるための様々なサービスを提供し、健康寿命を延ばすことに貢献するというコンセプトで、これまでのリスクに備える保険のアンチテーゼのような商品。そのため、導入するとなると販売の仕組み、システム、営業職員の教育など全てを変えなければならない。

しかし、高田はリスクを減らすことで人生をより楽しむというコンセプトの保険「バイタリティ」こそ、超高齢化社会に貢献する商品サービスであると確信、その導入に奔走した。

高田は苦労を重ねても、社会に新たな価値を提供する商品に出合えて「運」が良かったと思うのだ。

人がつなぐ企業であり、人でしか続けていけない企業の夢

経営は、「現実であり、論理ではない」といわれるが、成長する企業の経営者に共通するのは論理的であるということだ。自分の行った判断や意思決定について論理的に説明することができる。なぜ、そうするかについて徹底的に詰めて考え、たとえ失敗した意思決定についても、きちんと説明ができ

るのだ。

高田幸徳も、業界の常識や通説、最大手企業の成功の形を無批判に受け入れることなく、自分の頭で考えて、考え抜いて独自のビジネスモデルを構築しようとしている。リスクに備える生命保険だけでなく、リスクを減らすことで、人生をより楽しむというコンセプトの保険を提供するビジネスモデルだ。

そのリスクを減らす画期的商品が健康増進型保険「バイタリティ」。加入するとまず契約時に保険料が15％の割引となる。その後は日々の健康増進活動を評価し、その仕組みに応じて毎年保険料が変動し、最大で30％の割引となる。「バイタリティ」は行動経済学の理論を応用しており、加入者の健康増進を後押しする仕組みが備わっている。1週間サイクルの運動目標を設定し達成すると特典がもらえる「アクティブチャレンジ」や、自身の健康状態と向き合うために健康状態のチェックを促進する仕組みが充実している。

高田は「バイタリティ」導入の主導者だが、なぜ、従来型保険のアンチテーゼともいえるこの新型保険に着目したのか。

高田が考え抜くうえで最も大事にしているのは、「今はこういう時代」という時代観。どうすれば時代環境の変化に対応した新たな価値を顧客に提供できるかを考え続ける。

日本人の生命保険加入率は8割台で、日本は保険大国と言われている。仏教の世界には「生老病死」という言葉があるが、保険商品は後ろ側から、つまり「死」に際して経済的リスクを補填することから発展してきた。生命保険が顧客の役に立つのは「死」や「病気」といったネガティブな場面。どうすれば顧客にとってポジティブなものになるか、すなわち、どうすれば顧客が人生を楽しめるような商品サービスを提供できるかという問題意識を持ち続けていた。

例えば、生命保険の役割として病気や老いの不安、介護問題などリスクに備えることに加え、身体的・精神的健康が重視され、リスクを減らす時代へと変わっている。そうした世の中の価値が変化していく中で、高田は住友生命が社会に貢献するためには、どうすべきかを自分の頭の中で突き詰めてきた。

論理的に考える転機は2度訪れた。1度目は2009年、営業企画室長のとき。「住友生命の10年先のブランド戦略を立ち上げる」というプロジェクトメンバーの1人として、住友生命は他の生命保険会社と何が違うのか、契約者はどう感じているのかなどを考え抜き、目指す方向を定めようとしたことだ。

その後、ブランド戦略を展開する過程で、職員の1人が南アフリカ共和国の金融サービス企業、ディスカバリー社の健康増進型保険「バイタリティ」の案件を持ち込んできた。これが2度目の転機となる。

この折、高田は「バイタリティ」を取り入れ、日本の国民の健康寿命を延ばすことに貢献できないかと考えた。その後「バイタリティ」担当となり、２０１８年7月に日本初上陸となる「バイタリティ」を導入、その後の推進を主導する。

高田は現在、ビジョン「『一人ひとりのよりよく生きる＝ウェルビーイング』に貢献」の実現に精力を注ぐ。そのビジョンは「世のため、人のため」の企業文化を継承し、持続的成長を遂げなければならないという社長になる前から持っていた自らの使命感から生じたものだ。

使命感を全うするためには、企業競争力を高めなければならない。それにはオンリーワンの商品サービスを開発する必要がある。そこで高田は「バイタリティ」を導入し、住友生命を日本で最も健康増進に熱心に取り組む「ウェルビーイング領域のトップランナー」とも言うべき保険会社へと変革していく。

その思考過程は、企業文化の継承↓ビジョンの実現↓持続的成長↓競争力の強化↓オンリーワン商品サービス↓「バイタリティ」開発と、きわめて論理的だ。

さらに高田は、次代を担う人材の育成に注力している。上司、部下共に学び合う「人財共育本部」を設置し、人材投資の一つとして、全職員を対象とした「ウェルビーイングに資する手当て」の支給や、自己研鑽支援のための社外研修・講習の補助金支給を従来の倍額に引き上げる取り組みなどによって、職員が自発的なチャレンジができる環境づくり、「私的保障」をコンサルティングできる営業職員育成改革、60歳の4月を「第3の入社」と位置づけて職務や役割に応じて処遇する「スペシャリストコース」の新設、新入職員の配属に関する制度改革などを行う。高田が言う。

「住友生命は人がつなぐ企業であり、人でしか続けていけない企業です。人を育て、その人がどう輝いてくれるか。それを見るのが私の『夢』です」

今後、論理的に考え抜く高田の「夢」実現への手腕に注目したい。

第13章　持続的成長のために総合力を発揮

大和ハウス工業社長　芳井敬一

人間として何が大事かを見つめ直し夢を追い続ける

「幸せな成功者」とは何か。

幸せと言っても、何もお金をたくさん持っている、立派な肩書がある、名声が知れ渡っている、起業し上場して人もうらやむような生活を送っているなどという話ではない。

真に「幸せな成功者」とは実現させたい自分の夢を持ち、何より、そんな「夢」を追い続けることが可能な環境にいる人のことだ。

芳井　敬一（よしい　けいいち）
1958年、大阪府生まれ。中央大学文学部卒業後、神戸製鋼所グループの神鋼海運（現、神鋼物流）に入社し、神戸製鋼ラグビー部に所属。1990年、大和ハウス工業入社。取締役常務執行役員東京本店長、同専務執行役員営業本部長を経て、2017年に代表取締役社長。2019年からCEO（最高経営責任者）を兼務。新たに策定したパーパス“生きる歓びを分かち合える世界の実現”に向け、大和ハウスグループの陣頭指揮を執る。

それはサラリーマン経営者の中にも、起業家の中にも、そして市井のビジネスマンの中にもいる。

　彼らの共通点は何より、自らそんな環境をつくり上げていることにある。自分が組織の中で上り詰める過程で、もしくは最初から起業して、はたまた約束された未来を蹴ってまで、自分で夢を追い続ける環境をつくり上げてしまう。しかも、求めるものに終わりがない。いつもさらに新しい挑戦の舞台を見つけ、チャレンジすることをやめない。そんな人が真の「幸せな成功者」になっている。

　芳井《よしい》敬一《けいいち》（64）はどうか。

　半生を振り返ると、失敗や挫折《ざせつ》を繰り返し、そのたびに、それを反省の機会に置き換え、心機一転して新たな夢を追い続ける好機にしている。

　それができるのは、まず、逆境でも「運が良い」と思える、どんな辛い経験をも自己鍛錬であり試練だと思えること。人は誰しも同じような体験をする。どのようなことであれ、「運が良かった」と思えるような人が成功している。芳井も失敗や挫折したとき、原因を他人や時期、環境のせいにしたりせず、すべて反省の機会に置き換えてきた。

さらに、社会に貢献したいという「志」を持っていること。芳井は「人を育てたい」、「社会や地域に喜ばれる、魅力ある街づくりをしたい」、という志を現在もなお持ち続ける。そうした幸運思考で、転機を「好機」に変えてきた。

芳井は、中央大学文学部を卒業後、ラグビーのアスリート社員として神戸製鋼所グループ会社に入社。その後、大和ハウス工業に転職し、神戸支店建築営業所長、金沢支店長、取締役常務執行役員東京本店長などを経て社長に上り詰める。

そんな芳井にとって人生の大きな転機は2回訪れている。

最初は、神戸製鋼所グループ会社勤務時代に交通事故で長期入院したときだ。１９８８年（昭和63年）8月、車を運転していた芳井は、後続車に追突され、腰の骨を首に移植する大手術を受けた。建設機械事業の米国進出プロジェクトメンバーに選ばれた直後のことだった。入院8カ月間、寝たきりを強いられ、海外赴任の夢を絶たれる中、一体どう生きて行けばいいのか、挫折感を味わう日々を過ごした。

転機となったのは病院で知り合った入院仲間の一言。「芳井ちゃんのところにお見舞いに来る人はみんなネクタイを締めているなあ」。この言葉に、芳井はハッとした。入院仲間にはトラックの運転手、工場の旋盤工など、現場で働いている人が多かった。そんな彼らが自分自身も車イスの身ながら、手を伸ばして「痛いやろう」と言って足をさすってくれた。その優しさが心に沁《し》みた。人間として何が大事か見つめ直した芳井は、スマートな海外生活を送るなど浮かれたことばかり考えていた自分が恥ずかしくなった。そこで、新たな自分を見出すために会社を辞め、今までとは異なる職種に挑戦することを決意した。

2つ目の転機は、大和ハウス工業に転職したことである。

退院後、芳井が仕事の適性検査を受けると「営業」という結果が出た。芳井にとって最もやりたくない職種だった。しかし、あえて挑むことにし、転職先を①自身が最もやりたくない営業ができる会社、②日本で一番営業がきつい会社、③社会を動かせる上場会社——と決めた。

芳井は人事部にいた同僚に自分の意向を伝えると、「離職率ランキング」を渡された。そのワースト3に名前が載っていたのが大和ハウス工業だった。そんな折、公認会計士をしている芳井のいとこの事務所に出入りしていた大和ハウス工業の社員が、それを聞きつけ話は進んでいき、人事部長と面接することになった。

芳井はアルバイトから始めた。すると思いがけず、職場では社員が自発的に生き生きと働いていた。芳井はこの会社で働こうと決心した。１９９０年（平成2年）6月、32歳のときだ。

入社後配属されたのは、建築営業の部署だった。仕事は基本的に飛び込み営業。芳井は訪問先の調べ方から、玄関先での話し方、営業トークに至るまで、年下の先輩たちに聞いた。彼らは営業ノウハウを隠さずに教えてくれた。

芳井は上司や先輩に学びながら1軒1軒顧客を訪問し、必死に営業活動を行った。やがて契約が取れるようになると、それは周囲の人たちのおかげと感謝した。

入社当初の夢は「営業所長」になることだった。やがて神戸支店建築営業所長になり夢を叶える。その後は、姫路支店長以降社長になった現在も一貫して、大和ハウス工業の創業者石橋信夫が掲げた「企業理念」の第1項目「事業を通じて人を育てる」を実現するという夢を追求し続けている。

芳井は「幸せな成功者」と言えるだろう。

トップの意思を社員に転換させる№2の方途

私は拙著『続く会社、続かない会社は№2で決まる』（講談社+α新書）で、会社の主役は常に社員でなければならないと書いた。社員が主役になることで〝社員力〟が発揮され、会社は動く。トップの意思がトップにとどまっている限り、会社は1ミリも動かない。トップの意思が社員に伝わり、社員の意思へと転換され増幅されるから、会社は動くのである。

では、誰がトップの意思を社員に転換させるか。この転換装置となるのが「№2」だ。私のいう№2とは、役職やポジションの「2番目」ではない。副社長、専務かもしれないし、課長かもしれない。企業を変え、成長させる主役なのである。

芳井敬一の場合、32歳で大和ハウス工業に中途入社して以来、随所で〝№2シップ〟を発揮している。

芳井の№2としての特徴は、大和ハウス工業の創業者石橋信夫が「企業理念」の第1項目で唱えた「事業を通じて人を育てること」を自らの責務として追求し続けてきた点にある。

常に、会社の存在意義は何か、自分の役割は何かという「Ｗｈａｔ」を社員たちに問いかけ、社員が企業理念を自分ごと化する。そして仕事に行き詰まったときは創業者の言葉を思い起こし、自分の頭で考え、自分の責任で行動するという企業風土の醸成に努めてきた。

芳井が何より、社員との「対話」を大事にし、社員一人ひとりの役割を考えさせる「勉強会」を継続してきたのも、常に部下に寄り添い、励ましてきたのも、そうすることが自らに与えられた「責務」だと覚悟していたからに他ならない。

芳井が最初に№2的役割を果たすのは、２００５年、神戸支店建築営業所長のときだ。

芳井は、設計・工事・購買担当の技術系社員を経営に参画させるため、彼らが営業所の中でどのような役割を担っているか、理詰めで考えさせる「勉強会」を開始した。受注・売上・利益の構造がわかれば、営業所の目標数値を達成するためには自分たちは何をすればよいかを理解することができると考えたのだ。

こうして芳井は、勉強会を通して個々人の役割を認識させ、一体感を醸成し、協力し合う風土づくりを行った。その結果、営業所員のモチベーションは向上し、建築営業所の業績は伸びた。芳井は神戸支店の「№２」の役割を果たしたのである。

２００６年から2年間務めた姫路支店長のときも、芳井は支店の課題を全員で考えて解決することを目的とした「勉強会」を実施した。

その折、新たに力を注いだのは、社員一人ひとりとの「対話」である。毎朝、始業時間の9時までに面談時間を取り、安全上の問題、施工ミス問題、お客とのトラブルなど「良くない話」を聞くことにした。時間を9時までと区切ったのは、悩みごとや憂鬱《ゆううつ》になっていることなど良くない話は朝いちで解決し、始業時間以後は「前向きに仕事ができるように」という理由からだった。

上司の役割は、部下の〝お役立ち〟と規定する芳井は部下の営業所長を励まし、鼓舞することに腐心し続けた。部下が相談に来るのは自分の問題解決能力を期待してのことだと考えたからだ。それだけに芳井は自分の問題として面談に真剣に対応した。結果、営業所長たちの士気は高まり、支店は実績を上げた。

2008年、急遽抜擢《きゅうきょばってき》された金沢支店長時代は、組織風土の抜本改革に精力的に取り組んだ。着任当時、金沢支店は組織の風通しが悪く、社員間の対話不在からくる閉塞《へいそく》感が支店全体に漂っていた。

芳井は着任後、直ちに全社員との個別面談を実施する。喫緊《きっきん》の課題は、社員のモチベーションを上げることにあると判断した。そこで姫路支店長のときと同様、毎週1回「勉強会」を始めることにした。目的は課題を解決することにあったが、社員同士が会話をし、お互いのことを知り、一体感を醸成することにもあった。

そのため、事務局のリーダーとして中堅女性社員を2人選抜する。この2人に、チーム編成と課題設定を任せた。チームは半期ごとに、結論を提出、チームを入れ替えて新テーマに挑ませた。結果的に、金沢支店は自由闊達《かったつ》な組織風土に変わり、社員が生き生きと活動するようになった。

その後、取締役常務執行役員東京本店長時代も、芳井は事業部長、営業所長、工事責任者などを対象に早朝面談を実施した。加えて、若手社員育成を目的とした「座談会」を開始する。テーマは参加者が自由に選び、運営も全員が話し合ってやるという、若手社員の考える力を醸成する会だった。

こうして芳井は、使命感を持って「人づくり」に心血を注ぐのである。

一人ひとりを見極める人づくりの極意

「経営者に必要な資質は何か」と訊《き》かれることがある。私はこれまで交友関係にある経営トップたちをつぶさに見てきて、「大切なのは経営者としての使命感ではないか」と答えている。

使命感こそが経営者に必要な「胆力」、言い換えれば「覚悟」の源泉であり、経営者に必要な、最大にして最重要の〝資質〟ではないかと考える。経営者に求められるのは、「夢」の実現を目指すという強い意思である。それがなければ、ときとして過去の否定、自己否定につながりかねない大胆な決断を下すことなどできない。

芳井敬一は「人づくり」という使命感を持つ。大和ハウス工業の創業者石橋信夫は「企業理念」の第1項目に「事業を通じて人を育てること」を挙げている。それだけに芳井は、「人づくり」は大和ハウス工業のDNAであり、継承すべき重要課題であると考える。芳井は言う。

「事業というのは、最後は『人』なんです。だから、1にも、2にも大事なのは『人づくり』です。人を掘り起こして、一生懸命磨いて経験させて、人をつくる。そういう大和ハウス工業のDNAを次の世代に刷り込んでいかないといけないと考えています」

前項でも述べたが、芳井が人づくりを本格的に始めたのは、支店長になってからだ。姫路、金沢の両支店長時代には部下の名前、性格、仕事ぶりを把握し、個々人に合わせた育成カルテを作って育てるという手法を取った。部下である各営業所長にも同様のやり方を徹底させた。

特筆すべきは、芳井の、「社員は家族の一員である」という家族愛のような、社員を愛しく大切に思う愛情からくる社員への思いである。芳井が部下たちを「うちの子ら」という言い方をしたり、「子供が5人いたら5通りの育て方があるのと同じ」と言って憚《はばか》らないゆえんである。

芳井が、自分に失望したり、挫折感に苛《さいな》まれたりしている部下を励ましてきた例は枚挙にいとまがない。例えば、東京本店長時代には、何期も赤字から脱却できず、苦悩していた地方のある営業所長に会うため、1人密かに現地へ出向き、会食をした。芳井は何を言うわけでもなく、ただ話を聞くだけだった。帰り際、彼の肩をポンと叩いて「体に気をつけて」。自分を励ますためだけにわざわざ来てくれた。そう思うと、営業所長は涙が止まらなかった。それを機に彼は一念発起し、ある支店の支店長に昇格した。そんな事例はあまたある。

芳井流人育ては、失敗した本人に対して人格を否定したり、誇りを傷つけるような叱り方はしない。さらに、再起する人を大いに評価する。降格された支店長でも、業績を上げれば昇格させる「復活人事」を実施した。

加えて、芳井は社員一人ひとりに寄り添って指導する。例えば、営業本部長時代には、各支店を回り訓示した後、社員から上がってくる全ての感想文に対して、丁寧にコメントを書いて返信した。

こうして人づくりに力を入れてきた芳井が体得した〝極意〟は、「見極め」である。まず、新人に自分のスタイルでやらせる。行き詰まると、上司が横について一緒にやる。そしてその人のスタイルや特性を摑み、適正な部署かどうかを見極める。例えば、営業向きでなければどの部署なら活躍できるか、人事部と話し合って異なる仕事を与える。重要なのは上司が部下の適性を摑み、見極めることである。芳井が語る。

「問題は、上司がそこを本人に納得させられるかどうかです。『悪いけど、君は営業で大成するとは思えない。今から鞍替えして、こういう部署へ行ったらどうだろう。今ならまだ間に合う。会社はやる気になったら、ちゃんと評価してくれるよ』と」

また芳井は社長就任以降も、よりいっそう人育てに注力している。

2020年（令和2年）7月には経営人材への登竜門となる支社長・支店長を選抜育成する人事制度「後継者育成計画」（D―Succeed）を導入した。評価に占める業績数字の割合を下げ、人材育成、法令順守、顧客満足度の割合を高め、未来に実績を残せる人を選ぶ。

また、芳井自ら定期的に全国の支社・支店を回り、社員との質疑応答の時間「QA会」を設けている。同会は若手、主任、管理職の3つの階層ごとに行われ、参加者はそれぞれ15～20名。事前に準備したメモを見ながら質問する人、とっさに聞く人、まっすぐ目を見て話す人と様々だ。この会により社員は自分が周囲にどう見られているかを知り、自分の特性を見出すきっかけになるという。

逆に、芳井が社員から教わることもある。ある折、芳井は顧客との関係を振り返り、「僕たちは大和ハウスグループの3000万人のお客さんに本当に寄り添っていたのだろうか」と語った。

すると後日、若手社員から感想文が届いた。そこには「お客さまを寂しがらせていたかもしれません」と書かれていた。芳井は思わず膝を打った。これこそ自分が探し求めていた顧客起点に立った〝言葉〟だった。芳井は自分も社員に育てられていることを実感した。

グループ全体で付加価値の高い社会・街づくりを実現する

企業にとっての至上命題は、持続的な成長である。そのために、企業は何をすべきなのか。それが今日の企業経営者に求められている最大の課題だ。

重要なのは、中長期的な周期で成長を遂げているかどうか。持続的成長を遂げる企業風土になっているか。土壌が改良されているか。将来への種まきが行われているかが問われるのである。

芳井敬一は、ゴーイングコンサーン（企業が将来にわたって事業を継続することを前提にする考え方）を重視する経営者である。

現在、創業者石橋信夫が樋口武男（元会長）に伝えたとされる夢「創業100周年（2055年）に売上高10兆円の企業グループ」の実現に向け、売上高5兆5000億円、営業利益5000億円（2027年3月期）を目指す5カ年計画「第7次中期経営計画」の達成に邁進している。

芳井は、持続的成長の必要条件は「自社の持てる強み」を最大限生かすことだと言う。その強みをさらに強化し、圧倒的な強みにしていくことにより、新たな成長を獲得することができると確信する。

では、大和ハウス工業の強みとは何か。それは〝総合力〟だ。戸建住宅事業、賃貸住宅事業、マンション事業、商業施設事業、事業施設事業、環境エネルギー事業といった自社の持つ幅広い事業領域を生かし、グループ企業を含めたオール大和ハウス工業で付加価値の高い「社会・街づくり」を実現することである。つまり、自社とグループ会社の各事業を横ぐしでつなぎ、企画・設計から施工、内部設備の開発・設置、テナント・リーシング、施設の管理・運営に至るまで〝一気通貫〟で顧客（＝社会）の要求に対応するというわけだ。

代表例が「高尾サクラシティ」（東京都八王子市）。総戸数416戸からなる分譲マンション、総83区画の戸建て住宅に加え、大型商業施設も一体となった複合開発事業だ。自社の戸建住宅、マンション、流通店舗の3事業部門が連携して開発し、総合設計から建築、完成後の施設管理に至るまですべて大和ハウス工業のチームで完結した例である。

最近では、分譲マンション、ホテル、商業施設、医療施設を組み合わせた大規模複合再開発の「新さっぽろ駅周辺地区G・I街区開発プロジェクト（マールク新さっぽろ）」（北海道札幌市）などがある。

芳井が2018年1月に立ち上げたストック事業のグループ統一ブランド「リブネス」も、総合力を生かした新たなビジネスモデルだ。それは同社が過去販売してきた住宅、商業施設などの既存の建物に対し、リフォームやリノベーション、買い取り再販などを積極的に展開し、既存価値の向上を図る取り組みである。

現在、同社は、過去開発してきた住宅団地の再生に向けた「リブネスタウンプロジェクト」に着手している。

例えば、1972年販売開始した「上郷《かみごう》ネオポリス」（横浜市）では、住民の少子高齢化が進み、近くの小学校は閉校、商店街も閉店が相次ぐなど、様々な課題が浮き彫りになっていた。そこで同社は2019年、コンビニエンスストア併設型のコミュニティ施設「野七里《のしちり》テラス」を開設し、住民同士の交流や支え合いを生む拠点として機能させている。

また、「緑が丘ネオポリス」（兵庫県三木市）では、同社の独自技術を用いたミニ胡蝶蘭の栽培施設を建設し、新たな雇用の創出を図っている。

同社は全国61カ所の住宅団地のうち、現在、「加賀松が丘ネオポリス」（石川県加賀市）、「阪急北ネオポリス」（兵庫県川西市）など8カ所で再生を手掛ける。

芳井は持続的成長の鍵は海外事業の開拓にあると考えている。米国、豪州、欧州では買収した現地企業による戸建て住宅事業の拡大を推進する一方、中国では分譲マンションの開発・販売、ASEAN（東南アジア諸国連合）では商業・物流施設、工業団地を含む複合開発事業を展開する。

特に芳井が注力しているのは、大和ハウスの強みである「総合力」が発揮できる「社会・街づくり」だ。グループ会社のフジタと連携し、シナジー効果を創出しているプロジェクトが多いゆえんだ。

例えば、中国・江蘇省常州市の分譲マンション、ベトナムでホテルを建設するウォーターフロントシティプロジェクトなど、フジタと連携して開発を行っている。芳井が言う。

「アジアや中東では、高速道路や鉄道敷設、トンネルなどインフラを請け負うフジタの役割が大きい。線路ができ、駅ができると、そこからは大和ハウス工業の出番です。戸建て住宅やマンション、商業施設も、物流センターも得意、管理もできる。高齢化社会に対応した病院も介護施設も建てられる。全部大和ハウスグループで完結できるのです。その強みをより強くしていくことが今後の課題です」

芳井は、5カ年計画で海外売上高を現在の約4451億円（2021年度）から1兆円に拡大していくと意気込む。

大和ハウス工業の持続的成長は、芳井の〝総合力〟強化のさらなる追求にかかっている。

自己規律する企業統治の実現に社員の情熱を喚起

いつも言うように、組織というのは、つくられたときが最も新鮮で、効率よく機能する。ところが、時間が経って実績ができ、組織が大きくなれば、どんな組織も必ず私の言う「機能不全病」（大企業病）にかかる。いわゆる「マンネリ化」である。それが続くと、組織は弱体化し、やがては壊疽《えそ》になったようになり、死に向かっていく。

要因としては、便宜上つくられた制度そのものが主役となってしまう「過度の制度化」、本社の求心力が強すぎて現場が委縮してしまう「過剰なマネジメント」、逆に遠心力が強まり過ぎて現場が部分最適だけを追求する「理念なき現場主義」、「意見はあっても意思はなし」の評論家や体裁ばかりの「形式主義」の蔓延が挙げられる。

芳井敬一も、社長に就任以来、「機能不全病」との戦いに挑んでいる。芳井の掲げた「2026年度の売上高5兆5000億円、営業利益5000億円」という第7次中期経営計画の業績目標自体、機能不全病を克服するための対策方法・改善策手法と捉えることができる。

かつて芳井が社員に訴えた。

「当社は大企業病に陥っており、創業精神の1つである『スピードは最大のサービス』が実践できていません。大切なのはリーダーが率先して問題解決にあたり、解決への道筋を示すこと。中計では大企業病から脱却します。皆さんは選ばれる企業になれるよう率先して行動してください」（「社内報2019年4・5月号」より）

芳井が危機感を募らせるのは、2019年3月に中国の関連会社で合弁先の担当者による不正経理問題が発覚したこと、翌4月には国土交通省からアパートや戸建て住宅で建築基準法不適合問題が公表されるなど、不祥事が相次いだことが背景にある。

とりわけ、芳井が深刻に受け止めたのは、「建築基準法不適合問題」。2000年に施行された改正建築基準法の中で、型式適合認定などを受けている場合は、建築確認で一定の審査が省略される制度が導入された。

この制度においては型式適合認定を受けている仕様しか利用できないが、今回の問題では現場が従来使ってきた仕様が、法改正後も「型式適合認定を受けている」と誤認したまま施工してしまっていた。型式適合認定の仕様を現場が理解していなかったという基本的なミスと、本社がそうした現場を把握していなかったことが原因である。

対応策として芳井は、社内ガバナンス（統治）体制の強化策を打ち出し、社外取締役の割合を高め、内部通報の外部窓口を新設すると同時に、法令遵守の意識を浸透させることに努める。

しかし、芳井は株主がその代理人を通じて経営者を監視し、さらには経営者を通じて社員の監視を強化すればガバナンスが健全化されるとは考えていない。

大事なのは、社員が進んで自己規律する企業統治の実現であり、社員の使命感、倫理観、それに支えられた人間としての情熱だと考える。

今回の問題は単にガバナンス体制に起因するものではなく、大企業病からくる「対話不足」が真因だとみる。

最初に、芳井が大企業病にかかっていると危機感を持ったのは２０１３年、東京本店長に就任したときである。社員同士が顔を合わせても挨拶をしない。そんな社員がお客さまにきちんと対応しているとは到底考えられない。このままでは会社は成長しない――。そうした危機感から、芳井は直ちに風土改革に取り組んだ。

まず、月2回の「座談会」を開催した。若手社員の考える力の醸成を目的に掲げたが、真の狙いは部門の壁を超えたコミュニケーションの活性化、部門・部署間の風通しをよくすることにあった。

座談会は、芳井が社長就任と同時に後任の東京本店長に引き継がれ、現在もさらに後任の本店長の下で実施されている。卒業生は累計２２２名。結果的に、社内対話と連携は促進され、自発的に考え、行動する社員が増えた。

さらに、芳井は社員が目に見える形で努力したことを実感できるように気を付けて行くことが大切という。

そこで芳井が２０１８年6月に始めたのが新規事業の社内外公募「オープンイノベーションプログラム」だ。これまで２７１件のアイデアに対して38件が審査、検討され、うち5件が協業実施及び進行中だ。協業事例としては19年9月から着手したＮＴＴドコモとの神奈川県藤沢市における次期コネクテッドホーム基盤の実証事業などがある。

さらに、「年間優秀発明発表会」を毎年開催。優秀な発明を評価することで、研究開発活動の活性化、全社的な創作意欲の向上など、知財活動のさらなる活性化を図っている。年間200件超の受付けがあり、うち発明委員会で10件に絞る。その中から技術系役員で審査し、金賞・銀賞・銅賞・特別賞・奨励賞を決める。

こうして芳井は、社員の情熱を喚起して「機能不全病」の克服に努めている。

経営者の使命感の核は創業理念の継承にある

私は、拙著『「使命感」が人を動かす』(集英社インターナショナル)で経営者の使命感は、創業経営者とサラリーマン経営者で大きな違いがあると書いた。

創業経営者の使命感は創業時からすでに等しく「夢」や「志」を内在させており、それらは「使命感」とワンセットになっている。一方、サラリーマン経営者は、会社は自分の資産・財産でもないし、特別な待遇や教育をことさら受けるわけでもない。そもそも会社に入ったのは、偶然に過ぎない。学生時代にいくつか内定を得ていれば、全く違う会社で全く違う人生を歩んでいてもおかしくはなかった。コミットメントは創業経営者に比べて、はるかに小さなものとならざるを得ない。

もう1つ、創業経営者の使命感は意思決定の責任の所在が本人にあることが明確であることから生まれる。問題が発生したときの責任も明確だ。この点、責任の所在が不明確になりがちなサラリーマン経営者の企業とは大きく異なる。それだけにサラリーマン経営者にはより強く、揺るぎない使命感が求められる。では、芳井敬一の使命感とは何か——。

「創業者石橋信夫の理念や考え方を継承すること」と言い切る。

芳井が社長就任以来、日本最大級のデータセンター団地「DPDC（ディープロジェクト・データセンター）印西パーク」（千葉県印西《いんざい》市）に着手したのも、全国の郊外型戸建て住宅団地の再生事業「リブネスタウンプロジェクト」を本格化させているのも、省エネと創エネによって建物の中で消費するエネルギーの収支ゼロを目指す「ZEH（ゼッチ＝Net Zero Energy House）」に取り組んでいるのも全て使命感からである。

では、創業者、石橋とはどんな経営者だったか——。起業のきっかけは1950年、近畿地方を襲ったジェーン台風だった。家業の吉野中央木材（奈良県吉野郡）に勤めていた石橋は奈良の十津川一帯の被害状況を調べていると、ふと、水田の稲穂が折れないで揺れているのに気づく。家は軒並み倒れているのに、稲は折れていない。家の周りの竹林も元のままだ。なぜか。石橋はひらめいた。断面が丸く、中が空洞だからではないのか。パイプだ。そうだ、鉄パイプで家を造ったらいい。創業商品「パイプハウス」が誕生した瞬間だった。55年、大和ハウス工業を設立する。

以来、石橋はパイオニア精神を発揮、ミゼットハウス、鋼管構造建築など次々に日本初の新事業を興していく。芳井は語る。

「当社には創業者が経営方針を述べた小冊子『わが社の行き方』があります。そこには『販売なくして企業なし』『スピードは最大のサービス』といった石橋語録が載っている。それを読むと、創業者精神がまず入ってくる。そして気持ちが高ぶっているときには頭を冷やせ、気分が落ちているときには頑張れと後ろから押してくれるのです」

芳井は、石橋の考えが社員の腹に落ち、日々の仕事に反映させるよう、繰り返し訴えている。

例えば、「全員住宅営業」――。

「住宅は当社の創業のＤＮＡであり、コア事業です。しかし、いつの間にか、住宅営業に携わっている人しか、住宅事業に関心を持たない会社になってきていた。そこで私は、『住宅を担当していない管理部門や技術部門、アパートや商業施設部門の人たちも、お客さまを紹介するという形で住宅営業に参画できる』と言い続けた。今では社員たちは皆、住宅営業の一員という意識を持つようになりました」

芳井は、創業者の考え方を海外事業でも醸成させつつある。例えば、米国の住宅事業。米国では、2017年にスタンレー・マーチン（バージニア州）の買収を皮切りに、20年にトゥルーマーク（カリフォルニア州）、21年にキャッスルロック（テキサス州）と、次々に戸建て住宅会社を買収。これにより米国の「スマイルカーブエリア」（北西部のシアトルから南部のヒューストン、北東部のワシントンD．C．にかけての人口増加が顕著な地域）を開拓できる体制が確立する。米国住宅事業の売上高は伸びており、26年度には22年度計画の4858億円から1・5倍の7300億円に拡大する計画だ。

ここで重要なのは、米国でも「工業化」の考えを持ち込み、住宅生産の工場化比率を高め、工期を短縮し、コスト低減を図る施策を実践している点だ。このため日本から購買担当、技術者を派遣し、住宅メーカーが発注している建材工場の工場化比率を高めるためのノウハウを提供している。まさに創業者の唱えた「スピード化」、「工場化比率極大化」の考えに基づく戦略だ。芳井は、「工業化できれば、強みを発揮できると理解してくれるようになった」と語る。

では、芳井の使命感はどこから来るのか。自分は石橋の創業した大和ハウス工業に生かされているという〝感謝の念〟からである。

芳井は大和ハウス工業の自由で公平な組織風土の下、年下の先輩たちに学び、周囲に助けられ、顧客の開拓に打ち込むことができた。行き詰まっても、創業者の考えをよりどころとして前へ進めた。創業者のおかげと感謝するのだ。

新たな価値を創り活かし高め、心豊かに生きる社会へ

成長する企業の経営者に共通するのは、「企業とは利益を上げることを通じて長期的に社会に貢献することを目的とする組織」という企業観があることだ。つまり、「利益は目的ではなく、手段として必要」と考えているのである。

芳井敬一も、「世のため、人のため」という創業以来の企業文化の継承を自らの使命とする。「事業を通じて人を育てること」など5項目から成る企業理念を唱え、「お客様と共に新たな価値を創り、活かし、高め、人が心豊かに生きる社会を創る」という経営ビジョンの実現に向け全社挙げて取り組んでいる。

創業者の石橋信夫は「3つの責任」を唱えた。「1つ目は顧客へ、社会へいい製品を送り出すべき責任、2つ目は株主に対して、利益を上げ、会社を発展させて、その期待に報いるべき責任、3つ目は従業員の家族の生活の確立と安定を図らなければならないという責任」(石橋信夫著『わが社の行

き方』から)。

つまり、最初に顧客(=社会)の満足する製品やサービスを提供する。そうすれば利益を上げることができ、その結果、株主への利益の還元、社員の生活の安定を果たすことができるというわけだ。顧客至上主義である。

そうした創業者の考え方を継承する芳井は社長就任以来一貫して会社の社会的存在意義を問い続ける。顧客にとっての付加価値を継続的に提供することができなければ企業の存在価値がない。

それに対する答えが社会課題の解決だ。その方策の1つが商品やサービス、事業のイノベーションだ。現在、同社は、福祉、環境、健康、農業分野などで次代を睨《にら》んだ新規事業の開発を加速度的に推進している。例えば、農業分野では植物工場システム、また環境分野ではエネルギーゼロの街づくりなどがある。

注目すべきは、建物や街に新たな価値を生み出す「リブネスタウン事業」を推進することにより、住宅団地や住民の高齢化という社会課題の解決を図る取り組みを行っている点だ。全国61カ所ある住宅団地のうち、現在着手しているのは、「上郷ネオポリス」(横浜市)、「緑が丘ネオポリス」(兵庫県三木市)、「加賀松が丘ネオポリス」(石川県加賀市)、「阪急北ネオポリス」(兵庫県川西市)など8カ所である。

芳井は社員に訴える。

「当社が分譲してきたネオポリスを再耕（＝再生）する『リブネスタウンプロジェクト』では、『その街に新しい人が住み始め』、『新しい仕事を創り出し』、『コミュニケーションを取り戻し』、『高齢者が楽しく暮らせる』ことを目指している。リブネスタウンプロジェクトを拡大させ、社会貢献につなげてください」（「社内報」から）

さらに同社は、地方創生につながる都市・工業団地開発を進めている。例えば、工場跡地に戸建て住宅、マンション、商業施設を組み合わせた大型複合開発事業を手掛けたり、医療・介護施設、店舗、物流倉庫を開発したりしている。

最近、新たに加わったのがデータセンターの開発だ。現在、千葉県印西市に日本最大級のデータセンターを建設している。第5世代通信（5G）の普及で、データ通信量が飛躍的に伸びることに対応した、総延べ床面積は33万平方メートル（11万坪）と東京ドーム7個分のスケールの巨大データセンターだ。

同社がそうした事業を具現化できるのは、創業以来、土地活用のイメージを膨らまし続けることで、その活用メニューを増やしてきたからである。

また、戸建て住宅から賃貸住宅、マンション、商業・物流施設、社会インフラに至るまで幅広い事業領域を持ち、開発計画から造成、設計施工、維持管理に至るまでワンストップで街づくりを進めることができるのも強みだ。

芳井は、大和ハウスグループが2055年に創業100周年を迎えたとき、どういう企業群でありたいか、社員に在《あ》るべき姿を問うことを決めた。そのため、パーパス（企業の存在意義）をつくるべく社員参加型「将来の夢プロジェクト」を発足した。芳井は言う。

「2055年には現経営陣はみんな退任している。大和ハウスグループを支えるのは入社5年目までの若い世代だ。この世代の考えていることがわかっていないと間違った方向に舵を切ることになってしまう。私たち役員は未来への方向が決まったら自分たちが少しでもその方向へ向くように舵《かじ》を切っておかなければ〝船〟は辿《たど》り着かない。大和ハウスグループのパーパスは何か、存在する価値や意義は何なのか。私たちはどうやって存続していくのか。そういったことを問いかけました」

「将来の夢プロジェクト」は2021年5月に開始。アンケートからサミット開催、ワークショップ開催、役員とワークショップ参加従業員による協議に至るまで、1年間かけて作り上げた。その結果、「将来の夢」は「生きる歓びを、未来の景色に。」に決まる。参加者は延べ4万人にのぼった。

芳井は、「将来の夢を追求し、付加価値のある社会の創造に貢献する」と明言する。

芳井の豊かな社会創造への挑戦は続く。

第14章　脱エンジンを打ち出す第二創業
ホンダ社長　三部敏宏

世界をリードするホンダに戻す

いつも言うように、大きな改革を成し遂げる経営者に共通するのは、「夢」を持ち、夢の実現を目指すという強い意思、すなわち「本気」を伝えていることである。

自分の理念や方向性を組織に浸透させるために、自分の言葉で繰り返し語り続けている。愚直に自分のビジョンや思いを何度も自分の言葉で伝え続けることが本気を伝える唯一の方法なのである。しかし、それだけでは十分に伝わらない。もう1つの条件は言行を一致させることだ。すなわち、自分の言葉で表現した理念や方向性通りの会社運営を確実に実行することである。言行不一致は社員が「本気」を信じなくなり、経営者と社員の間の信頼関係が壊れてしまうからだ。

本田技研工業（ホンダ）の三部《みべ》敏宏《としひろ》（61）はどうか。２０２１年（令和３年）４月、社長就任会見で、「40年に世界で売る新車を全て電気自動車（ＥＶ）、燃料電池車（ＦＣＶ）にする」と宣言、日本の自動車メーカーでは初めて「脱エンジン」を大々的に打ち出した。

　三部のこの発表は日本の自動車業界に大きな波紋を広げた。それまでホンダはＥＶ車の投入に積極的ではないとみられてきたからだ。しかも、社長に就任して１カ月も経たないうちに発表している。

三部　敏宏（みべ　としひろ）
1961 年、大阪府生まれ。広島大学大学院工学研究科修了後、1987 年に本田技研工業に入社。研究開発子会社の本田技術研究所でエンジン制御システムの研究開発に携わり、世界最高水準の排ガス低減システム開発を成し遂げる。執行役員、本田技術研究所社長、専務執行役員等を経て、2021 年に代表取締役社長に就任。「2040 年に世界で売る新車を全て電気自動車（EV）、燃料電池車（FCV）にする」と宣言、日本の自動車メーカーでは初めて「脱エンジン」を打ち出す。現在、大変革を全社で推進する。

なぜ、三部は社長になってすぐに、「新しい時代に向けて新しいホンダをつくる」という画期的ビジョンを発表することができたのか。

実は、三部は2018年（平成30年）4月、ホンダ常務執行役員兼本田技術研究所（研究所）副社長に就任以降、有志の中堅社員数人と、自動車への環境規制強化の動きに対応して世界がカーボンニュートラル（CN）化を加速する中、「ホンダはどう取り組むか」を喫緊《きっきん》の課題として議論してきた。日本の環境保全への取り組みは、社会政策・産業政策面だけでなく、自動車産業自体出遅れている。ホンダは積極的に動いていかないと世界に取り残されるという危機感を持って策を練っていた。

拍車をかけたのが、菅義偉政権が2020年10月に掲げた「50年のCN」という政府目標だった。10年間の自動車保有を前提とすると、40年には温室効果ガスを出さないモビリティが必要になる。

2020年12月、当時の社長、八郷隆弘から次期社長就任の要請を受けると、三部は水面下で脱エンジン化のための方策を徹底的に詰めた。4月の社長会見は、そうしたプロセスを経てのことだった。

三部が語る。

「私はもう一度『世界をリードするホンダ』に戻したいと考えています。それをやるなら100年に1度の大変革期といわれる今が一番いいタイミングです。新しい時代に向けて『新しいホンダ』をどう作っていくか。私の役割はその土台を作っていくことです。〝第二創業〟の始まりです」

三部はエンジン車からＥＶへの全面転換計画を発表すると、全社に向けての伝道を開始した。三部が言う。

「重要なのは内容が従業員に腹落ちするかどうかです。特に実務を動かしている各部門のトップたちが同じ方向に向かわなければ目標達成を実現できない。そこで私は、社内のいろいろな層への発信に時間を使っているのです」

現在、三部は全執行職対象の「執行職ワイガヤ」（ワイガヤ＝ワイワイガヤガヤと本質をぶつけるホンダ独自の会議）、全社部室長対象の「部室長ワイガヤ」、そして従業員との対話会と、階層別対話を継続して行う。そこで自分のビジョンや思い、現在のホンダの課題について語る一方、彼らから意見やアイデアを聞くことにしている。

特筆すべきは、三部は自分で表現する言葉通りの会社運営を実行していることだ。

電動化に向けたロードマップの作成、北米事業における生産拠点・開発拠点の集約、ＥＶに向けた投資決定、ソニーグループとの合弁会社設立、米ゼネラルモーターズ（ＧＭ）とのアライアンス具現化の推進、韓国のＬＧエナジーソリューション（ＬＧＥＳ）とバッテリーの安定調達で連携……と矢継ぎ早に動く。

三部が２０２２年4月に発表したロードマップでは、30年までに世界で30種類のＥＶを展開し、Ｅ

Vの生産台数を年間200万台以上に引き上げる。また、ソフトウエア領域とEVの研究開発費に22年からの10年間で合計5兆円を投じる計画だ。

さらに主要市場の北米では24年に、GMと共同開発している中大型EVを、「ホンダ」ブランドのSUV（スポーツ用多目的車）「Prologue」と「アキュラ」ブランドのSUV「ZDX」の2車種を投入。中国では27年までに同国のEV専用ブランド「e：N」シリーズの10車種を投入する方針だ。

一方、日本では2024年に商用軽EVを100万円台の価格で発売する。その後、商用車以外の軽EVやSUVタイプのEVなどを投入する計画を打ち出している。

こうして三部は「ホンダの第二創業」に全精力を注ぐ。

過去の延長線上に未来はない。新しいホンダを創っていく

私は、拙著『会社の命運はトップの胆力で決まる』（講談社）で胆力は経営トップの絶対条件であると書いた。継続するためには昨日と同じではいけない。過去の自分を否定し、過去の成功体験を否定し、前任者を否定し、創業理念を除いて会社の在《あ》り方を否定する。変化するビジネスシーンにおい

て、変わり続けない限り継続はできない。それはつまり、過去、常識、慣習を覆し、イノベーションを継続して行うことに他ならない。それができる人材こそ「経営者」であり、その源は「胆力」にあると私は考える。

その点、三部敏宏は「胆力」のある経営者である。

本田技研工業（ホンダ）社長に就任すると直ちに、「２０４０（令和22）年に世界で売る新車をすべて電気自動車（ＥＶ）、燃料電池車（ＦＣＶ）にする」と宣言し、その通り、脱エンジン化の推進を加速させている。

ホンダは世界に先んじた低公害エンジン「ＣＶＣＣ」（複合渦流調速燃焼方式）の開発で知られるように、世界最高水準の燃費と低排ガスを実現したガソリンエンジンで、世界の自動車メーカーへと成長してきた。エンジンはまさにホンダ成長の源泉だと言っても過言ではない。

三部はそんな過去の成功体験を否定し、ＥＶとＦＣＶへ全面転換するという決断を下した。

改革手法はエンジンを手掛けながら、同時にＥＶ体制にシフトするというもの。そのため、エンジンやトランスミッション（変速機）の生産に携わっている従業員の中にはＥＶへの全面転換に腹落ちしない人が多々いる。そんな従業員たちに三部は「過去の延長線上に未来はない。変革を成し遂げ、新しいホンダを創っていかないと生き残れない」と繰り返し訴える。

三部は、「かつての馬車から自動車に変わるような大変革期に直面していますが、われわれはチャレンジ精神を発揮して乗り切っていきます」と改革への意気込みを語る。

こうした三部の胆力はどうやって培われたか──。

三部は1987年（昭和62年）、広島大学大学院工学研究科修了後、ホンダに入社。動機は「1番手より2、3番手の企業で挑戦するほうが面白いと思った」。

入社後配属された研究開発子会社、本田技術研究所（研究所）ではエンジン制御システムの研究開発に携わる。専門は排ガス低減システムおよび燃費技術開発。

最初に挑戦したのは、世界で最も環境基準が厳しいといわれた米カリフォルニア州大気資源局（CARB）の排ガス規制達成に向けての開発だった。

入社6年目から4年間、ドイツ・オッフェンバッハにある研究所の現地法人、HRE（ホンダ・R&D・ヨーロッパ《ドイチェラント》）に赴任。帰国後、排ガス低減システム開発に復帰し、1997年、排ガス規制レベルの中で最も厳しい規制値を満足する排ガス適合車、SU－LEV（スーパーユーレブ）システム開発のプロジェクトリーダーとして規制値達成に挑戦し始めた。しかし、開発は困難を極めた。さらに苦労したのは、車に搭載された、排ガスエミッションをコントロールする故障診断システム「OBDⅡ」の複雑な法規制の満足化だった。これらを同時に実現しないと、超低排ガス適合車を満足するＳＵ－ＬＥＶの認可が取れない。

三部は失敗を繰り返しながらも、成果を出せる日が必ず来ることを信じて挑戦し続けた。試行錯誤を重ねた結果、１９９９年11月、ついに世界で初めてＣＡＲＢ、米カリフォルニア州大気資源局の認可を受けることに成功した。ホンダの世界一の技術力を証明したのである。

この折、三部は難関に挑むことにやり甲斐《がい》を感じた。挑戦を続けることで、成功への確信が生まれ、胆力につながっていった。

もう1つ、三部はホンダの研究開発陣に、海外に目を向けさせることにも挑戦した。

きっかけは、前述のＨＲＥでの「欧州のエンジン戦略」の研究だった。メルセデスベンツやＢＭＷ、ポルシェ、フォルクスワーゲン（ＶＷ）など自動車の本場、ドイツの自動車メーカーの技術者たちと交流し、意見交換することで、世界におけるホンダのエンジン開発力の立ち位置を推し量ることができた。そのとき、三部は、海外に目を向けなければ自社の真の開発競争力がわからないことを体得し、「海外企業との共同開発志向」を強める契機となった。

代表例は２００９年、大型エンジン・トランスミッション開発室課シニアマネージャーのときに踏み切った、ドイツのエンジニア会社、ＦＥＶとのターボエンジンの共同開発である。ホンダ初の外部企業とのエンジン共同開発となった。

当初、研究所内には「自前主義からの脱却だ」と反発の声が上がったが、三部は「内製化を続ける限り、本当の競争力を知ることができず、世界に勝つことができない」と何度も訴え、共同開発に漕《こ》ぎつけた。

現在進行中の米ゼネラルモーターズ（ＧＭ）とのＥＶの共同開発も、２０００年に三部が主導した「ＧＭへのＶ６エンジン供給プロジェクト」を通じて築いた両者の信頼関係が礎となって実現したものである。

三部の胆力がホンダを変えつつある。

エンジン屋たちの士気を高める№２

何度も繰り返してきたように、会社を変えるのは「№２」だと考える。私が言う№２とは、役職やポジションの「２番目」ではない。肩書は副社長、専務かもしれないし、中間管理職の中から出てくるかもしれない。

№２はトップに意見を具申する参謀であり、ビジョンの具現化を補佐する役割を担う。また、トップと現場をつなぎ、社員の自発性を引き出し、モチベーションを高め、自由闊達《かったつ》な企業風土に変えていく世話役でもある。

№2に必要なのは知識やテクニックではない。会社の存在意義とは何か、仕事を通じて社会をどう変えたいのかという明確な「使命感」だ。何事も客観視できる冷静さと問題意識、会社を変革することへの情熱を持っているか否かだ。それを私は、「№2シップ」と呼ぶ。

本田技研工業（ホンダ）社長の三部敏宏も、過去、№2シップを発揮してきた。

三部は１９８７年、広島大学大学院工学研究科修了後、ホンダに入社。以来、本田技術研究所（研究所）で一貫してエンジン制御システムの開発に携わる。

三部は入社後、排ガス低減システム開発を振り出しに、前述したドイツ現地法人のＨＲＥ駐在、ＳＵ－ＬＥＶ（スーパーウルトラ・ローエミッションビークル。超低排ガス適合車）システム開発プロジェクトリーダー、エンジンシステム室課マネージャー、研究所執行役員第３技術開発室室長、ホンダ常務執行役員兼研究所副社長などを歴任。随所で№2の役割を果たしてきた。

三部の№2としての特徴は、ホンダの社会的存在意義を「世界をリードする独創的な製品を生み出すことにある」と規定。それを実現するのが自らに課せられた役割とし、率先して新しい技術の開発に挑戦し続けてきたことだ。

研究所では排出ガスエミッションを担当。特に前述の米カリフォルニア州大気資源局（ＣＡＲＢ）

の法規制に適合するシステム制御の開発に尽力する。年々厳しくなる排ガス規制に適合するため、排ガスシステムを改良したり、新しいシステムに変えたりして、成果を上げていった。

その後、三部は1992年から約4年間、ドイツのHREに赴任。任務は「欧州のエンジン戦略」の調査・研究だった。ホンダが自動車の本場、欧州で認められるためには、どういうエンジンを作ればいいのかを日本にフィードバックする重要な役割だ。

三部はまず、欧州のエンジニア人脈をつくる必要があると考え、欧州で開催される国際技術者会議、技術学会などのミーティングに積極的に参加した。一方、メルセデスベンツやBMW、フォルクスワーゲン（VW）、ボッシュ、コンチネンタルといったメーカーを訪問し、各社の技術者たちと意見交換を行った。結果、多くの研究開発者と知己を得ることができた。

そうして築いた人脈からエンジンに関する情報やアイデアを収集し、「対欧州エンジン戦略」を立案した。研究所は「三部報告」を重視し、戦略のベースとして位置付けた。こうして三部は№2的役割を果たすのである。

三部が№2シップをフルに発揮したのは、SU－LEVシステム開発プロジェクトリーダーのときだ。前にも触れたように、三部は1999年、世界で最も排ガス規制の厳しいCARBのSU－LEVの認可を世界最初に取得し、ホンダの排ガス低減システムの技術レベルの高さを世に示した。これにより研究所の〝エンジン屋〟たちは士気を高め、さらなるチャレンジ精神を発揮する。

その後も三部は、米国環境保護庁（ＥＰＡ）や欧州連合（ＥＵ）欧州委員会で、世界の自動車メーカーを代表する開発者の１人として、排ガス規制の絶対値を議論したり、規制値について意見具申したりして、欧米の法規制作りの方向性に影響を与えた。

さらに注目すべきは、三部が海外メーカーとのエンジンの共同開発の道筋をつけたことだ。

三部は２００９年、執行役員第３技術開発室室長の折、ドイツのエンジニアリング会社、ＦＥＶとターボエンジンの共同開発に踏み切った。エンジンを自前主義で内製化してきた研究所にとって外部企業との共同開発は創始以来、初めてのことだった。

真の目的は海外企業を知ることにより、自社の実力を測り、自社のエンジン・コストを含めた真の国際競争力を知り、勝利し続けることにあった。この三部の考えがその後、研究所の開発の在り方を変えていったことは、現在進行中の米ゼネラルモーターズ（ＧＭ）とのＥＶ（電気自動車）の共同開発などからも頷《うなず》ける。

加えて、三部の功績はＶ６エンジンからＶ８エンジン、Ｖ10エンジンに至るまでＦＲ（フロントエンジン・リアドライブ）。後輪駆動）の大型エンジンの開発を主導し、世界最高水準の高級車開発という〝夢〟の実現が可能であることを明示したことだ。

その後も三部は、5年間かけて軽自動車エンジンからV6エンジンに至るまでの全エンジンを従来の「NP（New Power Train）シリーズ」から、「AP（Advanced Power Train）シリーズ」と呼ばれる次世代エンジンに切り替えるなど、ホンダのエンジン戦略を先導した。

変化への目に見えない抵抗感を打ち破るには

成長する企業の経営者に共通するのは、好不況に、成果の良し悪しにかかわらず、常に危機感を抱いていることだ。

それはもちろん、目先の業績の良し悪しというような小さなものではない。先の見えない、「カオス（混沌《こんとん》）時代」の今、根本的な産業構造の大転換に放り込まれ、答えがない中で、次なるビジネススタンダードでは自社の存続が根本から危うくなる可能性を間近に感じての危機感だ。

今期を乗り切るのではなく、10年後、15年後、存続するためには何が必要か――。見つめるのはただその一点。そんな大きな問題意識を抱きながら今日という1日のマネジメントに挑み続ける。

三部敏宏は、常に危機感を抱いている。

カーボンニュートラルという動きの中、本田技研工業（ホンダ）はどう生き残りを図るか。

まず、三部が打ち出した「解」は日本の自動車メーカー初の「脱エンジン計画」だ。100年に1度といわれるこの大変革期を企業存亡の危機と捉える一方、これを長期発展に向けた新しい方向性を見出すチャンスとして活かす考えだ。危機感を持って危機をチャンスに転化する。

もう1つは、社内の危機意識の希薄さに対する危機感である。そのため、三部は社員に危機感を植え付けるメカニズムをつくることに腐心する。

現在のホンダは、存亡の危機に瀕《ひん》しているわけでも、危機的状況に陥っているわけでもない。それどころか、過去、赤字に陥ったことも、人員削減を行ったことも一度もない。社員に危機感が薄いのは、苦痛を感じたことがないからだと分析する。三部が語る。

「舵《かじ》を切ってもなかなか曲がらないことを実感しています。変化への目に見えない抵抗感があるようです。従業員には過去の成功体験が沁《し》み込んでいる。新しいことに挑戦するという気概がなくなっています」

三部は危機意識を持つには、会社の有する潜在的問題を社員がいかに早く顕在化させ、共有するかが大切だと考える。

それは、社長就任会見で「ホンダは2040年に世界で売る新車をすべて電気自動車（EV）と燃料電池車（ＦＣＶ）にする」と大々的に宣言したこと、その翌年には、20年代後半までの、世界主要市場である北米、中国、日本でのＥＶ戦略を社内外に明示したことからも頷ける。さらにホンダとソニーグループとの合弁会社、ソニー・ホンダモビリティ（ＳＨＭ）設立の大掛かりな発表も、社員の意識改革を促す効果を期待してのことだ。

すなわち、一連の発表は危機感を社内で共有するため、方向性を明確にし、問題点を数字化して社内に示す「経営の見える化」への取り組みといえる。

これまでいろいろな企業を見てきて、悪い情報が上に上がりやすい企業は危機感を鼓舞しやすい。問題点を早く顕在化する社風をつくるためには、悪い情報を上げてきた社員に対して経営陣が「ありがとう」と心から言える文化が必要だ。これが危機感を植え付ける具体的方法であると私は考える。

三部が定期的に執行職、部室長、従業員の各階層で「ワイガヤ」の対話会を実施しているのも、各事業所を回り従業員と対話を行っているのも、潜在的な問題を察知し、素早く顕在化させる能力を備える「組織風土」を醸成するためである。

三部の危機感は今に始まったことではない。最初に危機感を持ったのは、本田技術研究所（研究所）の副社長のときだ。所内に新価値商品・技術の研究開発に集中する「先進技術研究所」を設立したのはその表れである。

従来、研究所は魅力ある商品を生み出す基礎となる新技術の開発を行うR（研究）段階と、生産販売に供する商品の開発を行うD（開発）段階がある。これらを同じ組織で行うと、RはDに引っ張られてしまい、長期間集中して研究できなくなる可能性がある。そのため研究所の歴代経営陣はDに影響を受けないRの環境づくりに苦慮していた。

常々「R強化」の必要性を感じていた三部は危機感を持って、Rを分離し、先進技術研究所として発足させた。これで先進技術研究所は知能化、自動運転と先進運転支援システム、ロボット研究、「eVTOL（イーブイトール＝電動垂直離着陸機）」など革新・独創技術の研究を強化することができた。

三部は研究所社長就任以降も、研究所の分散化を進めた。CASE（コネクテッド、自動運転、シェアリング＆サービス、電動化）という4つの技術トレンドと呼ばれる新領域の人材を採用するため、ソフトウエアやAI（人工知能）の研究所を都心に集めた。Hondaイノベーションラボ Tokyo（赤坂）、デジタルソリューションセンター（同）である。「優秀なソフトウエアのエンジニアをたくさん集めるためです」と三部は言う。

さらに三部は2020年4月、研究所の四輪開発部門を切り離し、ホンダ本社に統合させた。再編により、研究所の役割を先端技術の研究に絞り込み、ホンダ本社が新車の開発・生産・販売を一貫して担う体制に脱却した。

三部の危機感がホンダを変える。

良い製品を生み出すために組織を手段とする

持続的成長を遂げる企業の経営者に共通するのは、「利益を上げることで長期的に社会に貢献することを目的とする組織」という企業観があることだ。企業の社会貢献とは、価値ある商品やサービスを顧客に提供することを通じた世の中、社会への貢献である。価値創造なくしては、企業は継続できない。顧客にとっての付加価値を提供することが会社の存在意義だからである。したがって、顧客に評価される企業は生き残る。つまり、持続する企業は「世のため、人のため」という企業文化を醸成しているのである。

本田技研工業（ホンダ）社長の三部敏宏も、歴代社長が企業に埋め込んできた「世の中、社会のために仕事をする」という使命感の企業文化を継続する。

大切なのは、創業者・本田宗一郎の言葉がもとになった社是「わたしたちは、地球的視野に立ち、世界中の顧客の満足のために、質の高い商品を適正な価格で供給することに全力を尽くす」を具現化するための基本理念である「人間尊重」（「自立」「平等」「信頼」）と「三つの喜び」（買う喜び、売る喜び、作る喜び）の継承を徹底させることだ。つまり、目的は「良い製品を生み出す」ことであり、組織はそのための手段として用いられるべきものであると三部は考える。

三部が「世界一の製品」、「世界最初の製品」の開発にこだわるのは、それがホンダの社会的存在意義であるからだ。

三部が「2040年から電気自動車（EV）と燃料電池車（FCV）を専業にする」と創業以来の大変革を決断したのも、「社是」「人間尊重」「三つの喜び」の3つからなる「ホンダフィロソフィー」を守り抜くためでもある。

三部は言う。「ここで大変革を成し遂げなければホンダの社会的存在意義がなくなり、生き残れない」。大英断の根拠である。

三部のEV化計画によると、2030年までに30車種のEVを世界市場に投入し、年間200万台超を生産する。そのEV化を機に、ホンダのビジネスモデルを商品の売り切りビジネスから、商品販売後も継続的に収益を上げるビジネス（リカーリングビジネス）モデルに転換する。

自動車がEV化でソフトウエアに制御されるようになると、走る情報端末機と化し、ソフトウエアで生み出す価値が収益の源泉となる。車のソフトウエアはオーバー・ジ・エア（OTA）と呼ぶシステムでネットにつながり、常に更新することが可能となり、車を購入した顧客へのサービスを提供することができる。また、車内で楽しめるエンターテインメントのソフトも同様に、継続的に収益を上げられるようになる。三部が言う。

「ホンダならではの独創的なＥＶを造っていきます。では、他社とどう差別化するか。１つは車内の空間価値創造です。自宅にいるときと同様、いろいろなことができるようになる。それを追求していく。さらに、ソフトウエアアップデートを通じた課金のサービスも新たな価値です。ホンダのＥＶに乗っている間は、ずっとホンダのサービスを使ってもらえるようなビジネスを考えています。他にも、カーナビゲーションなど自動車に蓄積されるいろいろなビッグデータを活用した新たなサービスを提供していくビジネスを模索しています」

三部が確信するのは、ＥＶの価値創造はＡＩ（人工頭脳）を含めたソフトウエアで決まるということだ。いかにそれを重視しているかは、ホンダ社長になる前の本田技術研究所（研究所）副社長時代から研究所のソフトウエア研究開発陣容を大幅に拡充し、研究開発を一層強化したこと。三部自身がソニーグループ会長兼社長ＣＥＯ（最高経営責任者）の吉田憲一郎にＥＶ共同研究の話を持ち掛け、ついにはホンダとソニーグループの共同出資会社「ソニー・ホンダモビリティ」（ＳＨＭ）の設立に漕ぎつけたことからも頷ける。

そのSHMが2023年1月、米国ラスベガスの家電・IT見本市「CES」で発表したEVの新ブランド「AFEELA（アフィーラ）」は外部クラウドと通信でつながるエンターテインメントカーであり、高性能ゲームを車内で楽しめる。ホンダにとってSHMはゲームなどコンテンツエンターテインメントを学ぶ教師となっている。

三部は世界最高水準のEVの開発を実現するため、2022年からの10年間で電動化・ソフトウエア領域の研究開発に約5兆円投資する方針を表明している。

では開発資金をどう稼ぐか――。既存事業の競争力強化である。屋台骨を支える四輪事業では世界一のエンジン車、ハイブリッド車の開発を追究し、ホンダに求められる独創的な車を投入する。四輪が競争力強化の成否を分けるだけに革新への飽くなき挑戦が不可欠となる。一方、世界1位の二輪事業と、市場を拡大しているパワープロダクツ事業は一層効率を高め、利益増大を図る。

2023年4月、三部は電動事業のさらなる加速化を目指す大組織改革を断行する。最大の肝は「コーポレート戦略本部」を新設し、企業戦略の策定、実行の取り組みを強化することにある。同じく新設の「コーポレート管理本部」は企業戦略と連動した経営資源の全体最適化を図る役割に徹する。すなわち、戦略本部が前面に出る〝攻め〟の組織風土へと脱却させる考えだ。

三部の未来を創る「第二創業への挑戦」が続く。

あとがき

２０２０年は、文字通り時代の転換点になった。

新型コロナウイルスの世界的な拡散と感染拡大により、人、モノ、金の流れが途絶えた。おそらく人類の歴史において、ここまで急激に経済活動を止めたことは類を見なかっただろう。影響は甚大で、企業の倒産、従業員のリストラ、解雇が深刻化した。

さらに、２０２２年2月のロシアのウクライナ侵攻により、世界的な食料危機、エネルギー危機を招いた。米欧日のロシアへの経済制裁で人、モノ、金の流れが止まった。また、地政学的な分断が一段と進み、西側諸国は経済安全保障強化政策を実施し、保護貿易を推進する傾向がみられる。

世界経済は現在、これまで進んできたグローバル化のうねりから、ブロック経済化、ローカル化へ向かっているようにも見える。グローバル化の進展に疑念がもたれるということはかつてなかった事態である。今後もこの状況は続くか――。いや続かない。日本にはエネルギー資源がない。これは致命的である。しかし、この資源レス国・日本の深刻な状況は未来永劫変わらない。そのため、日本は世界にモノやサービスを売って、世界から資源を買うしかない。この日本の姿は100年後の未来も変わらないだろう。だから、グローバル化を止めるのではなく、コロナ禍を契機に、さらに深化し、進化を遂げていっそう前進しなければならない。

私は長年、一つの大きなテーマ「なぜ、成長し続ける企業と一代で霧散する企業とに分かれるのか」を追い求めてきた。多くの経営者を見てきて、経営者とは「経営能力による競争力」を生み出す存在であると考える。経営能力による競争力とは、経営者の戦略策定能力、それを実施する実行力、役員・経営者層に対するマネジメント力である。企業競争力にはほかにも、「カンバン方式」や「セル方式」など組織やオペレーションの効率化による競争力や発明・研究開発力による競争力があるが、それらは経営者が決断さえすれば改革できる。成長する企業は経営者の経営能力によって競争力が生み出されていると言っても過言ではないだろう。

経営能力で重要なのは、戦略を実施する実行力である。目標に向けて全社員を動かす指導力である。ビジョンや目標、戦略は誰でも描ける。しかし、それを実現すべく実行するとなると、決断しなければならない。決断することは、場合によっては自己否定、過去の否定につながりかねない。それだけに「覚悟」と「胆力」を要する。

新型コロナを契機に社会は一変した。これまで成り立っていた事業の継続は困難さを増し、不確実性のリスクが高まっている。こうしたますます混沌《こんとん》とした秩序のない環境、予測が不可能な環境を私は「新カオス時代」と呼んでいる。

そんないまという時代にあって、経営者には「胆力」がこれまで以上に求められる。成功する経営者の条件は、1に胆力、2に胆力である。胆力は、経営者自身の「使命感」「夢」「志」から生まれる。自分の生き様の中から、「〝これ〟をやり切らなければ、自分は生きている価値がない」というくらいの思いをもって、自分の存在を懸けて挑む、貫く。多くの経営者を見てきて、成功する人に共通するものは何かと追求していくと、この点に行き着くのである。

いまこそ、経営者は「原点」に戻る必要がある。私たちが働く意味とは何か、その企業が存在する意義とは何か。その理念に基づいて、日々の業務を遂行できているか。経営者は自らその確信を持つだけでなく、社員一人ひとりに至るまで伝えていかなければならない。それだけに、経営者に必要なもの、また、これから経営者として選ばれる人物に求められるものは、テクニカルなものではなく、次のような「人間力」になると私は確信している。

1．使命感を持つ。2．夢、志を抱く。3．№2を育てる。4．幸運思考を持つ。5．傍流視点がある。6．現場感覚があり、現場に精通する。7．自分の頭で考え抜く、思考力。8．言行一致。

時代はどんどん変わっていく。しかし、企業にとって「すべきこと」の根本は変わらない。「事業」や「手法」は変化するかもしれないが、社会においていかなる価値を生み出し、届けて行こうとしているのか、拠《よ》って立つ「原点」は不変であるはずだ。

本書に登場する経営者たちの苦悩と葛藤、そしてそれらを呑み込みながらも前に進もうとする姿勢が、読者のあなたの決断と行動に良き影響を与えることがあるとすれば、筆者にとって望外の喜びである。

本書は「夕刊フジ」「産経新聞」に「挑戦するトップ」と題して、2020年12月から23年3月に連載された記事を再構成・加筆したものである。産経新聞東京本社「夕刊フジ」編集局報道部長の水沼宣之氏、産経新聞東京本社編集局経済部長の今堀守通氏には貴重な紙面をご提供いただき、お世話になった。また、さくら舎代表取締役社長の古屋信吾氏にはいろいろ貴重なご助言をいただいた。ともに心から感謝申し上げたい。

なお、末筆ながら、本書に登場した方々の敬称は本文中では全て略させていただいた失礼をお詫びしたい。

2023年2月吉日

大塚　英樹

著者略歴

一九五〇年、兵庫県に生まれる。ジャーナリスト。テレビディレクター、ニューヨークの雑誌スタッフライターを経て、一九八三年に独立し、新聞、週刊誌、月刊誌で精力的に執筆。逃亡中のグエン・カオ・キ元南ベトナム副大統領など、数々のスクープ・インタビューをものにする。現在は国際経済をはじめとして、政治・社会問題など幅広い分野で活躍。

これまで一〇〇〇人以上の経営者にインタビュー。ダイエーの創業者・中内㓛には一九八三年の出会いから、逝去まで密着取材を続けた。

著書には『流通王――中内㓛とは何者だったのか』『柳井正 未来の歩き方』(以上、講談社)、『続く会社、続かない会社は№2で決まる』(講談社+α新書)、『「使命感」が人を動かす――成功するトップの絶対条件』(集英社インターナショナル)、『確信と覚悟の経営』(さくら舎)などがある。

経営《けいえい》は人間力《にんげんりょく》!
――いま問《と》われるリーダーの資質《ししつ》

二〇二三年四月一二日 第一刷発行

著者 大塚英樹《おおつかひでき》
発行者 古屋信吾
発行所 株式会社さくら舎 http://www.sakurasha.com
東京都千代田区富士見一-二-一一 〒一〇二-〇〇七一
電話 営業 〇三-五二一一-六五三三 FAX 〇三-五二一一-六四八一
編集 〇三-五二一一-六四八〇
振替 〇〇一九〇-八-四〇二〇六〇

装丁 村橋雅之
写真 中村介架+中野和志
印刷・製本 中央精版印刷株式会社

ISBN978-4-86581-384-5